時間もお金も増える習慣

月収20万円OLが1日実働2時間
年収30倍になった！

米山彩香 Ayaka Yoneyama

Change Your
Habits, Change
Your Life

廣済堂出版

はじめに　挫折からはじまった、理想の人生

「弁理士《べんりし》になったら、幸せな人生が待っている!!」

そう信じて必死に勉強してきた弁理士の二次試験に落ちたのが、20代後半のとき。

当時、私は会社勤めをしながら夜は大学院に通って弁理士の勉強をするという、2足のわらじ生活をしていたのです。睡眠時間は毎日3時間。それは必死でした。

こんなことなら、勉強ばかりせず、彼氏をもっと大事にすればよかった！　などと思ってしまうくらい、落ち込みました……。

でも、おかげで**自分の本当の幸せ**について、あらためて見つめ直すようになりました。

弁理士になれば、幸せになれると思い込んでいたけれど、そうだろうか――。

弁理士の問題集や資料もバンバン捨てて、未練を断ち切りながら、これからの人生

をどうしようかと悩みました。

ショックではあったけれど、弁理士の勉強はやりきった。それに、冷静に考えたら、弁理士の仕事ってとても忙しそう。自分はそういう人生を送りたいタイプかな？

ガツガツと勉強をがんばっていたときは、自分が本当の意味でどう生きたいかが見えていませんでした。

だから、いつも何をやっても失敗していたんだ……。

私にできることは他にあるのかもしれない。

自分を変えないといけないのでは？

30歳を目前にしてはじめて、自分を模索する方向に切り替えました。

次第に、私の目指す道は、「副業→独立起業」だと思うようになりました。そして副業をはじめて半年後、私は独立起業を果たしました。


あれから3年。

今、私の日常には何にも追われない、ゆったりとした時間が流れています。

昼間から自宅近くの海へ散歩に行ける。
平日の空いている時間帯に、好きなカフェにゆっくり行ける。
海外旅行も好きなタイミングで好きな国に行ける。
親と毎日一緒に食事ができる。
腕時計はしない。
目覚まし時計もかけない。
実働時間は1日2時間くらい。
仕事仲間と楽しくやれている。

けれども年収は、会社員時代の30倍以上となりました。
本気で人生を変えようと思って、変われた先がとても幸せです。

成功している人にはよい習慣がある

私が大学院に通っていたとき、気づいたのは、必ずしも時間がたくさんある学生がよい結果を出しているとは限らないこと。それよりも、2足のわらじを履いている社会人のほうが論文の点数がずっとよかったりする。

結局は時間の多さではなく、毎日の時間の使い方、つまり「習慣」なんだと思うようになりました。

また、会社員だったときも「仕事ができる人は、どんなことをしているんだろう?」と考えながら、いろいろな人をよく観察していました。

そこで、**「うまくいっている人、成功している人にはよい習慣がある」**という共通点に気づいたのです。

ビジネスでもなんでも、成功するには「よい習慣」が大事。

なぜなら、物事を習慣化することで、「がんばろう」と肩に力を入れなくても、自然と行動ができるからです。

私は、自分にもできるよい習慣をどんどん作り、実行していきました。

その結果が、「ゆるく・楽しく・きままに」生きる現在なのです。


時間やお金にしばられない生活は、心にゆとりをもたらします。人間関係もいいものになったと感じています。

よい習慣を続けられれば、自分の理想のライフスタイルが絶対にかなえられる。

今では、そう自信を持って言えます。


本書では、ストレスフリーに生きるための「よい習慣」とはどのようなものか、それをどう作っていくかについて述べていきます。

取り入れられるところを取り入れていただき、みなさんに「なりたい人生」を歩んでいただけたら、とてもうれしいです。

本書が、あなたの理想の人生を手に入れるきっかけとなりますように。

米山彩香

時間もお金も増える習慣
Contents

第2章 時短の習慣

第3章 人間関係の習慣

第4章 思考の習慣

第5章 お金の習慣

You do
what needs
to be
done.

第1章

【よい習慣を作る前に】

今やっておくべき5つのこと

TRAVEL TICKET

1 本当にかなえたい「夢」を決める

目標のない「習慣」に意味はない

本書では、時間もお金も増えて、「ゆるく・楽しく・きままに」生きるライフスタイルを実現するための習慣術をいろいろとご紹介していきます。

ただし、先に、なぜ「習慣」を作るのかを考えておきましょう。

目標もなくただ習慣を作るのは、ゴールの場所がわからないマラソン大会に参加するようなもの。

それでは、いくらがんばったところで、ゴールにはたどり着けません。

ですから、まずは「ゴールはどこか?」を確認しておく必要があるのです。

「夢」を見つける

あなたの「夢」はなんですか？

年収１０００万円になりたい。
趣味のパン作りを仕事にしたい。
ウェブデザイナーになりたい。
会社を辞めて起業したい。
ＳＮＳで稼げるようになりたい。
収入はそこそこでいいから、とにかく自由な時間が欲しい。
――きっと、みなさんそれぞれの「こうなりたい」理想像や目的があるでしょう。

まずは、今、自分が理想とする「あるべき姿（ゴール）」を、しっかりとイメージしておきます。

もしも、「年収1000万円」「起業」など、明確なものがない場合は、**「理想のライフスタイル」を考えてみる**のがオススメです。

私が会社を辞めて独立した理由は、大きく2つ。

「満員電車に乗りたくない」と「好きなときに海外旅行に行きたい」でした。

時間的にも精神的にも自由で、ストレスのないライフスタイルに憧れていたのです。

かつての私は、自分の「天職」を追い求め、転職を繰り返していました。

「はじめに」で述べたように、弁理士の資格さえ取れれば、自分の人生がうまくいくと思い込んでいました。

でも、実際に弁理士になった人たちを見ると、みんな毎日ものすごく忙しそうに働いていた。

それは、私が本当にやりたいことなのかな？

ふと、疑問がわきました。

また、旅行が趣味の私は、定期的に海外旅行に行っていたのですが、スケジュールはいつも弾丸。行ける国も近場に限られていました。

本当は1週間くらいゆっくりとヨーロッパに行きたかったけれど、長期休暇を取るのは難しい。かといって、夏期休暇やゴールデンウィークを利用するとなると、旅行代金が跳ね上がってしまう。

結局、行きたい場所には行けずじまいでした。

好きなときに好きなことができる生活がしたい。

組織や人、場所、あらゆるしがらみから解放された、ストレスフリーな生き方がしたい。

その夢をかなえるためには、自分のビジネスで独立するしかない。

自分の本当の気持ちに気がついた私は、ハッキリとそう思うようになりました。

でも、

「好きなものが特にないから、自分のやりたいことがわかりません」

「自分には向いているものがありません」

こんなご相談をいただくことがしょっちゅうあります。

もしかしたら、あなたもそうかもしれませんね。

自分の夢がよくわからない。そんな方は、次の2と3をまずは実行してみてください。

すでに夢がある方は、3～5を参考になさってください。

2　今やれることはすべてやる

やりたいことがわからない方はおそらく、「挑戦」の数が足りていません。

「挑戦」といっても、大げさに考える必要はありません。気になることがあったら、まずはネットで調べてみるくらいでもよいのです。

夢や目標が見つからない、と悩んでいる方の多くは、それすらしていなかったりするのです。

挑戦を避けていると、知識や経験が増えません。すると、自分が好きなものも、やりたいこと、楽しいことも、わからないままになってしまいます。

これまでの人生を振り返ってみると、私は周りの誰よりも、挑戦の数が多かったと思います。

転職の回数が多いのもそうですが、学びたいことができたらすぐに講座を受講したり、取りたい資格があったら、本格的な勉強をするために大学院に通ったり。

プライベートでも、食べることが好きだし、自分でも作れるようになりたいので料理教室に通ってみたり、美容に力を入れたいと思い立ち、友人と一緒にホットヨガをはじめたり……。

「お金と時間に余裕があったからできたんでしょ？」と思われるかもしれませんが、決してそうではありません。

今あげたものはすべて、会社員時代にやっていたことです。

働く時間は普通に8時間、睡眠時間は毎日3時間ほど、丸1日休める日はほとんどありませんでしたし、いただいているお給料も人並みでした。

それでも、**「今やれることはすべてやっておきたい！」という思いが原動力となって、私を突き動かしていた**のです。

20代の若さがなせる業だったのかもしれませんが、この頃は、疲れよりも充実感が勝っていました。

失敗だらけでもいい

もちろん、挑戦したものすべてで結果を出せたわけではありません。

先ほども触れたとおり、なかなか自分に合う仕事を見つけられずに転職を繰り返していますし、２年間も勉強に費やした弁理士への道は、試験に合格できずに途中で挫折しています。

何をやってもとびぬけた結果が出なくて、落ち込むこともありました。

でも、**一つとして無駄になった挑戦はありません。**

会社で興味がない営業職に配属されたときは、そこで営業のスキルを学べたし、弁理士試験をめざしていたときには、それまでにあまり経験のなかったプレゼンの機会をたくさんもらえたり。弁理士の勉強で得た知識は、今後のビジネスに活かすかもしれません。

また、事務職だったときも手をあげて、ウェブ戦略や新規立ち上げの部署を経験したりしました。

豊富な転職経験は、どんな人とでもコミュニケーションがとれる、という強みにもつながりました。

これまでにしてきた一つひとつの経験すべてが、今に活きているのです。

やりたいことが見つからずに悩んでいる方はぜひ、少しでも興味を持ったものにチャレンジしてみてください。

会社員の方は、会社員でいるのは今しかないかもしれません。だから、会社でしか経験できないことを積極的に引き受けてもいい。

他にも、「気になることをネットで調べる」「無料セミナーに申し込む」といった簡単なものからでいいので、とにかくはじめてみましょう。

3　ワークで「理想」と「現実」のギャップを把握する

自分にとって何が一番大事なのか？

自分の中の「最優先事項」をきちんと把握しておくことは、夢を決めるうえでとても重要なポイント。

私が「独立」という選択がベストと考えられたのも、自分と向き合った結果です。

ここで、次の３つについて、ゆっくり考えてみましょう。

ノートやスマホのメモ帳に書き出してもいいですし、頭の中で整理するだけでもＯＫです。

最優先事項を把握するためのワーク

次の3つの質問に答えてください。

1. あなたが一番大切にしたいことはなんですか？

2. 「大切にしたいこと」に1日どのくらい時間を使いたいですか？

3. 今、「大切にしたいこと」にどのくらい時間を割けていますか？

1．あなたが一番大切にしたいことは何ですか？

まずは、自分が「最優先したいこと」について考えます。

仕事、家族、恋人、趣味、健康など、人それぞれ答えは違うと思いますが、誰かに伝えたり、公言したりする必要はないので、現実的に考えすぎなくても大丈夫です。

2．「大切にしたいこと」に、1日どのくらい時間を使いたいですか？

最優先事項を決めたら、次はそれに対して、1日にどのくらい時間を割きたいかを考えます。

たとえば、自分の「健康」が最優先事項だったら、1日8時間は睡眠を取って、1時間は運動して、食事を丁寧に作って食べる時間が2時間は欲しい、など。

3．今、「大切にしたいこと」にどのくらい時間を割けていますか？

最後に、今、最優先事項にどのくらい時間をかけられているかを確認します。

実際の生活に照らし合わせてみると、今は5時間しか眠れていない、運動する時間も自炊する時間も取れていない、などの「現実」が見えてきます。

会社員時代の私は、仕事のステップアップばかりにとらわれて、家で過ごす時間はほとんどありませんでした。

30歳を迎えるにあたり、自分の土台を見直してみると、自分の理想とはかけ離れた毎日を送っていると気づいたのです。

本当は、昼間に太陽の光を浴びながら、ペットのワンちゃんとゆっくり散歩がしたい。

夕飯は両親と家で一緒に食べたい。親孝行がしたい。

そのためには、1日3~4時間は彼らと過ごす時間が欲しいし、昼間に家にいたいけれど、会社員のままでは難しい。

考えていくうちに、自分の理想とするライフスタイルが見えてきました。

「理想」と「現実」のギャップがわかれば、解決策についても考えられるようになる。

すると、自ずと進むべき道が見えてきます。

このワークは、私の生徒さんにも初期段階でやっていただく内容です。夢がすでに決まっている方にも、このワークはぜひ実践してみてほしいです。思わぬ気づきがあるかもしれません。

また、**人生のステージが変わるにつれて、最優先事項も変わります。**より理想の生き方をするためには、半年に１回など、定期的に見直すのがオススメです。

4 ロールモデルを見つけて「目標」を設定する

ここまで実践してくださった方は、自分のやりたいことがだいぶ明確になってきたはずです。

「夢」が決まったら、次はそれを具体的な「目標」に落とし込んでみましょう。そうすると、かなう確率がぐっと高くなるからです。

「ロールモデル」の見つけ方

では、どのように「目標」を設定するのがいいでしょうか？

最短最速で結果を出したかったら、**「ロールモデル」**を見つけましょう。

「ロールモデル」とは、ひと言で言うと「お手本となる人」。

自分が「こうなりたいな」と目標にできる人のことです。

私が独立の夢を、わずか半年でかなえられたのは、このロールモデルを見つけられたのも大きかったのです。

独立を考えはじめた当初、私がロールモデルにしたのは、インターネットビジネスやビジネスコンサルで生計を立てながら、世界中を旅している、ある男性でした。

ネットやSNSで起業や副業に関する情報収集をしていたら、その男性の心惹かれるツイッターアカウントに出会ったのです。

世界各国の絶景の写真が並ぶアカウント。顔出しこそしていませんでしたが、何にもしばられず、自由に世界中を飛び回っている様子は、私の目にとてもまぶしく映りました。

どうしたら、こんな理想の生き方ができるんだろう？

彼の投稿を追ううちに、インターネットビジネスの存在や、そのノウハウを人に教えるビジネスがあると知りました。

ＳＮＳで情報を発信したり、人に教えたりすることで、一生、自分が好きなことを軸に生きていけるんだ。

感銘を受けた私は、すぐに彼の有料のビジネスコンサルに申し込み、彼自身がこれまでにやってきたことをすべて真似てみたのです。

新しいことに挑戦するときは、すべてが手探り状態。

ですが、ロールモデルさえ見つかれば、具体的な目標や「ＴＯ　ＤＯ」を設定できるようになります。

めざしたい像が明確になっていれば、あとはその人が通ってきた道を、同じようにたどればいいだけなのです。

よいロールモデルが見つからない場合は、本の著者から探す方法もあります。

書店に足を運び、自分が学びたい分野について書かれている本を探してみてください。

そして、その著者の名前をネットで検索すると、その人が主催している塾やセミナーの情報が出てきます（もちろん、著者全員が主催しているわけではありませんが）。

本は、自費出版ではなく、商業出版で出されたものを選ぶことも意識しておきましょう。

商業出版されているのは、著者の実績が確かで、ノウハウの再現性も高いということだからです。

その人が有料セミナーなどを開催していればそれを受けてもいいですし、その著書やＳＮＳをチェックしても、今やるべきことが見えてきます。

ロールモデルは何人いてもいい

ロールモデルは、無理に１人に絞らなくても大丈夫。途中で変えてもいい。私自身も、他に何人か目標としていた人がいました。

たとえば、女性としてのロールモデルにしていたのは、弁理士をめざしていた頃に通っていた大学院の教授。

ゼミでとてもお世話になったその先生は、教授として多忙な毎日を送りながらも、いつも身なりが美しく、物腰柔らか。生徒からの人気も高い、かっこよくて優しい、大人の女性でした。

「ああ、こんな女性になりたいな」と思った私は、先生に仕事のことはもちろん、お食事はどうされているのか、どんなご家族がいらっしゃるのかなど、ずいぶんプライベートなこともよく伺っていました。

完璧には真似られませんでしたが、先生の話し方や所作、指導の仕方など、真似できそうなところはよく観察し、少しずつ取り入れるようにしました。

人に教える立場になった今、その経験が大いに活きています。

ロールモデルの一挙手一投足を目で追っていると、その振る舞い方や仕事の進め方が自然と身につくもの。

あなたもぜひ、周りにいる憧れの上司や先輩、いきいきと過ごす友人、身近にいなければ、ＳＮＳで見つけた人などをロールモデルにして、彼らの行動を観察してみてください。

そのためには、**いつも同じ人と過ごすのではなく、他部署の人や社外の友人と積極的に会うことも必要**です。

イベントに参加して、業界や年齢層が違う人たちと交流してみるのもいいですね。

独立後の収入は今の倍をめざす

もし独立を視野に入れているなら、今の自分の倍は稼いでいる人をロールモデルにするのがオススメです。

というのも、独立後の収入は会社員の給料の倍くらいはあったほうがいいのです。独立すると、ボーナスや家賃補助などの福利厚生もなくなりますし、健康保険なども自分で入らなくてはいけません。

ずっと安定して稼げる保証もなくなるので、余裕を持つためにはある程度の収入が必要になるからです。

5 周りの人とは違うことをする

時間やお金にしばられない自由な生活をしている人は、あなたの身近にどのくらいいるでしょうか？

つまり、周りとは違う生き方をしている人ですが、会社員がほとんどの日本社会においては、おそらくほとんどいないですよね。

では、人とは違う人生を手に入れるためには、何が必要でしょうか？

一番は、**「覚悟」**。7〜8時間勤務＋残業のいつもの生活から抜け出す、という強い意識を持つこと。

そして、人並み外れた結果を得ようと思ったら、**「行動」**を変えていく必要があるのです。

今の私があるのも、2〜5章で述べるような、周りとは違う習慣を続けた結果です。

大きなところでいうと、まず「起業をめざしたこと」。会社組織の中では、それだけでも少数派になります。

さらに、そこに向けて「副業をはじめ、収益を上げる」結果を出した。

実際に副業をしている人は、同僚や友人にはいませんでした。

その前には、「会社員をしながら、弁理士をめざして大学院やスクールにも通っていました」が、そんな人も周りにはほとんどいませんでした。

まず「目の前の行動」から変える

最初は、小さなことから変えていくだけでＯＫ。

たとえば、みんなが残業している中、自分は定時で帰る。みんなが休みを取らない中で、自分はきちんと有給休暇を消化する。

あるいは逆に、みんなが休んでいるお正月やゴールデンウィークに仕事をする。夏休みを取るタイミングを人とずらす。お昼はみんなと食べずに勉強の時間にあてる。

一つひとつは小さなことですが、これらも立派な「人とは違う行動」。

すべて私自身がやっていたことですが、あらためて振り返ってみると、驚くほど多くが「単独プレイ」でした。

当時はあまり自覚がなかったのですが、着る服や食事のメニューまでルーティン化していたのも、人とはかなり違う行動でした。


こうした習慣を積み重ねていくと、確実に人生が変わっていきます。

具体的にどうやって可能にしたかは、２～５章で述べていきます。肩の力を抜いて、まずは目の前の習慣から変えてみてください。

ただし、周りの人のやり方や考え方を否定してはいけません。行動するときには、周りとの調和も大事にしてくださいね。

How to create good habits.

第２章

時短の習慣

最高の時間の使い方が、理想の人生を作る

さて、いよいよ本題に入っていきます。

ここからは「時間もお金も増える習慣」の作り方について、ご紹介していきましょう。

2章でお伝えするのは、もっとも大事な**「時短の習慣」**です。

9割の人は「時間がない」と思っている

今、あなたは時間がないと感じていますか？

先日、私のインスタグラムのストーリーズでこんな質問をしたところ、約9割の方が「YES」と答えました。

そして、「時間がない」と答えた方に、いくつか追加で質問をしてみると、ある共通点が見えてきました。

それは、「自分の人生を〝理想の人生〟だと思えていない」ということ。

聞いてみると、みなさんが「ない」と感じているのは、「自分のやりたいことをやる時間」でした。

平日は仕事が忙しく、帰宅後は家事に追われる。休日は疲れて何もする気が起きないから、ひたすら寝ている。あるいは、親孝行や親戚付き合いなど、平日にできないことをしなければならない。

１週間で自分のやりたいことのために使える時間はほぼ皆無、という人が多かったのです。

やりたいことがあるのにやれないのは、とてもフラストレーションがたまりますよね。

人に時間を奪われているから、不幸だと感じる

問題の本質は、「他人に時間を奪われていること」にあります。

つまり、会社の上司やお客さま、親戚など、他人に自分の時間を奪われているのです。

しかし、仕事や冠婚葬祭などは社会生活を営むうえで、避けては通れません。

では、どうしたらよいのでしょう？

理想の人生を送りたかったら、自分の理想のあり方をかなえる、つまり1章で決めた**「自分がやりたいこと」をやるのが一番**です。

他人に時間をコントロールされるのではなく、自分で能動的にコントロールすればいいのです。

1分も無駄にしないスケジュール

そこで必要になってくるのが「時短の習慣」です。

習慣さえ作ってしまえば、自分で時間をコントロールできるようになり、やりたいことに時間を割けるようになります。

すると、着実に成果を出しながらも、**一生ゆるく生きることも夢ではなくなるのです。**

時間は能動的にコントロールする

おそらく、本書を手に取ってくださっているのは会社員の方がほとんどでしょう。

会社員の方は、会社に自分の時間の大部分をコントロールされてしまいますよね。

オフィスで自由になれる時間といったら、昼休みくらい。

それすらも、仕事が立て込んでいるときはろくに取れなかったりします。

私にもそんな会社員時代がありましたが、周りがみんなそうだと昼休みすらあまり取らなくなります。

残業なども同じですね。残業がよしとされる会社にいたときは、毎日の残業が当たり前だと思っていました。

しかし、30歳という節目の年を目前にして、自分の理想の在り方を真剣に考えたとき、あまりに自分の時間を会社にコントロールされすぎていると気づいたのです。

このままでは、私の望む生き方は永遠に実現できない。

これからは**自分の時間を「能動的にコントロール」**していこう。

そう決意しました。

スキマ時間も１ヶ月で11時間以上になる

最初にやったのは、退社時間を決めること。

会社を辞めて独立したかった私は、とにかく副業や勉強のための時間を捻出したかった。よって、定時で帰ることをマイルールにしました。

といっても、それだけでは、自分の時間は足りません。

そこで私は、退社時間から逆算し、「１分も無駄にしないスケジュール」を立てることにしました。

当時、私がやっていたのはこんな方法です。

大きな手帳を用意し、まずは打ち合わせ、クライアント訪問、提出書類の締め切りなど、自分の都合ではずらせない仕事の予定を書き込む。

そこから逆算して、スキマ時間がどのくらい捻出できるかを計算します。

ここで**大事なのは、「1分も無駄にしない」こと。**

私は、通勤や外出中の電車移動時間はもちろん、会議と会議の間の5分間や、トイレに行く5分未満のわずかな時間すらも「利用時間」ととらえて、スマホで勉強や起業準備をしました。

会社にいる間のわずかなスキマ時間も惜しかったのです（タバコ休憩が許されていたので、スキマを利用した数分の勉強休憩も許されるだろう、という気持ちもありました）。

一つひとつはほんの短いスキマ時間でも、1日、1週間と積み重ねれば、かなりの時間を捻出できます。

毎日会社で合計30分間のスキマ時間があったとすれば、平日のみで単純計算しても1週間で150分間、1ヶ月で11時間以上にもなる。

その時間を同僚とのおしゃべりにあてる人と、自分のステップアップのために使う人とでは、大きな差がつきます。

会議待ちの５分でＳＮＳ

スキマ時間を計算できたら、次はその活用方法を考えておきます。

私は会社員時代、**１分以上の時間はすべて「スキマ時間」ととらえ、10分ならこれ、５分だったらこれをやろう、と時間ごとに「こなすべきタスク」を細かく設定**していました。

たとえば、副業としてインターネットビジネスをはじめた頃のスキマ時間タスクは、次のように設定しました。

【１分】

・ツイッター、インスタグラムなどでいろいろな人の投稿に「いいね」をする

・自分に興味を持ってくれそうな人をフォローする

【5分】

・ブログ、ツイッターなどで発信するためのネタづくり。
（上司の名言や、ビジネスに役立ちそうな日常の学びをメモするなど）
・あらかじめ用意しておいた投稿を発信する。
・コメントのチェックや返信。

インターネットビジネスで収益をあげるためには、多くの人に私のメルマガに登録してもらう必要があったので、スキマ時間にはSNSで自分の認知を広げる活動をしていました。

SNSは5分未満、しかもスマホ1台でできることがたくさんあって、場所も選ばず、スキマ時間の有効活用にはぴったりだったのです。

特にツイッターは「1日10ツイート」を自分でノルマとしていたため、スキマ時間の活用が大いに役立ちました。夜中にまとめて発信するのではなく、分散させたほうが多くの人に見てもらえるからです。

ＳＮＳ以外にも、スキマ時間でできることはたくさんあります。

たとえば、

・電車に乗っている間、仕事に関連するニュース記事を読む。スマホでブログを推敲する。各種アイデアを考える。

・教材をイヤホンで聞きながら音声学習をする。

・会議がはじまるまでの待機時間はメールやＬＩＮＥの返信をしたり、ＴＯＥＩＣや資格取得の勉強をする。

などです。

淡々とこなせば「自由な時間」は手に入る

以上のように、自分の中で優先順位が高いものを、あらかじめ小分けのタスクにしておき、それを淡々とこなしていきました。

やらなければいけないことを少しずつでも進めておけば、精神的余裕も持てます。弁理士をめざしていた頃は、わずかな時間も惜しんで必死に勉強していましたが、スキマ勉強のおかげで、帰宅後ガッツリ勉強時間を取れないときも不安になったり、焦ったりせずに済みました。


それから、あらかじめタスクを分刻みでスケジュールに組み込んでおけば、他の不要な予定を入れずに済みます。

周りに振り回されなくなることも、スキマ時間活用のメリットの一つです。

やりたいことが決まっている人はもちろん、決まっていなくて考えたい人も、スキマ時間をぜひ有効活用してください。

職場で「誘われないキャラ」を作る

自分の時間を確保するためには、職場の人たちに「この人は忙しい人なんだ」と理解してもらうのも大事です。

何度か断ると、誘われなくなる

たとえば、ランチは部署の人たちと一緒に、外に食べに行くのが当たり前な職場の場合。

みんなで雑談をしながらのランチも楽しいですが、私は勉強や副業スタートのための時間をなにがなんでも作りたかった。

そこで、職場で「おひとりさまランチをする人」という印象を徐々に作っていき、昼休みはいつも１人で勉強などをする時間にあてていました。

どのようにキャラを作るのかというと、ランチに誘われたら、その都度お断りすればいいだけです。

とはいえ、「行きたくないです」と不愛想に断るだけでは、職場の人間関係が悪くなるので、きちんと理由を添えるようにしましょう。

たとえば、「ちょっと今日は電話しなきゃいけないところがあって」「銀行に行きたいので」「資格試験が近いので、今日は勉強しますね」などと笑顔で伝えます。

相手に不快な思いをさせないような理由を選ぶのです。

こうして何回か断っていると、そのうちに誘われなくなります。周りの人たちが「この人はいつも忙しいから、誘うのは悪いな」と思ってくれるようになるためです。

飲み会が多い職場でも、1次会は行くけれど2次会は参加しないなどして、**徐々に「行かないキャラ」を作っていく**のがオススメ。

休日にゴルフや野球観戦など、業務外イベントが多い職場だったら、普段の会話の中で何気なく、自分の休日の過ごし方や家族の事情を伝えておくといいでしょう。「休みの日は、私が家族に食事を作る当番なんです」「土日はペットのお世話をするのが楽しみで」などと話しておけば、相手も納得してくれます。

私も「ああ、米山さんはワンちゃんの散歩があるもんね」と、職場のみなさんに理解していただいていました。

一度キャラを作ってしまえば、誰にも嫌われずに、自分の時間を確保できるようになりますよ。

自己開示すると、応援してもらえる

職場のランチや飲み会に行かない理由が、資格試験の勉強など、キャリアアップのための場合は、隠さずに伝えておくと応援してもらえることもあります。

私も、勉強のために大学院やスクールに通っていることを職場の人たちに話していましたが、それに対して批判的な人はいませんでした。

むしろ、「試験はいつ？　そのあたりは有給取っていいからね」「がんばってね」と、温かい声をかけてもらっていました。

職場で良好な関係を築きつつ、自分の時間を確保するためには、普段から「自己開示」しておくことをオススメします。

自己開示によるキャラ作りは、プライベートでも役に立ちます。

電話やＬＩＮＥで長々と恋愛相談をしてくる友人がいたりすると、結構な時間を取られてしまいます。

そこで、あらかじめ「電話が苦手なんだよね」「忙しいからＬＩＮＥあんまり返せなくてごめんね」などと伝えておくと、「頼りにできないキャラ」ができあがる。すると、相手も連絡してこなくなります。

面と向かって伝えるのが苦手な方は、ＳＮＳを使ってそれとなく自分のキャラをアピールしておくのもいいですね。

ただし、副業はわざわざ「しています」とは会社に報告しませんでした。

なぜなら、副業を報告することで、「本業に身が入らないのでは?」と誤解されるかもしれません。

会社に届け出なくてはならない場合は別ですが、自分からはあえて言わないほうが得策です。

不得意分野は人にお願いする

お互いの時短になる方法

職場でのキャラ作りは、自分の業務の効率化にも有効です。

どんな人にも「得意な業務」と「不得意な業務」がありますが、どちらが短時間で終わるかといったら、もちろん得意な業務ですよね。

であれば、**得意分野を積極的に引き受けて、不得意分野は他の得意な人にお任せしたほうが、お互いの時短につながります。**

そうした連携がスムーズにできるよう、私は普段から自分の得意・不得意を周りの人たちにお伝えすることも意識していました。

私の場合、苦手分野は資料や文書作成でした。

これらは、素直に「苦手」と伝えて、得意な人にお願いするようにしていました。ただお願いするだけだと、人に自分がやりたくないことを押しつける形になってしまうため、かわりに得意分野である調整業務は率先して引き受けていました。

他部署との調整や、同僚の仕事の進捗を見ながらの業務調整は、誰かに頼まれる前に私が行い、つねにチーム全体の仕事がうまく回るよう心がけていた。よって、職場の人たちに嫌がられたりはしませんでした。


得意なことがない場合や、転職したてで自分にできることが少ない場合は、みんなが面倒だと思っていることをやるのがオススメです。

電話や宅配便応対などは、どの職場でも敬遠されがちなので、積極的に引き受けると感謝されることが多かったですよ。

なんでもかんでも引き受けなくていい

何にでも失敗を恐れずに挑戦したほうがいい、と先述しましたが、私は仕事に関しては、なんでもかんでも引き受けなくていいと思っています。

女性は特に責任感が強い人が多いので、すべて引き受けて、1人で抱え込んでしまいがちですが、それでは仕事がたまる一方。かえって周りに迷惑をかけてしまうこともあります。

そうならないためには、**たまには人に頼ってみましょう。**

自分が後輩や部下の立場なら、「上手に」頼ることも意識しておきます。

あるとき、上司からシステムの設計書の作成を依頼されました。けれども、私の苦手なエクセルをフル活用しなければならず、かなり難度の高い作業でした。

上司もそれはわかっていて、私の経験のために任せてくれたのですが、なかなか進まず格闘している時間が会社にとってももったいないように思いました。

そこで、「これは苦手だなぁ」という雰囲気を出しつつ、「○○さんのほうが得意なので、やってもらえませんか？」と逆にお願いしてみました。

しかし、返ってきたのは「いや、がんばってやってみてよ」というリアクション。

予想はしていたのでめげずに、今度は上司が好きなハーゲンダッツのアイスを添えて、再度お願いしてみたのです。

結果的に、その業務は上司が担当してくれました。


無理難題が振ってきたときには、上手にSOSを出す。

これも、職場では時に必要なスキルです。

そして、SOS上手になるためには、やはり普段から信頼関係を築いておくのが大事。

雑談を通して、素直に「できない」と言える関係性を作ったり、上司の好きな物を把握したり、当然、仕事では普段から上司の苦手なことをフォローしたりしておくのは必須です。私の場合は、上司もこちらをうまく使っていたので、お互い様のところもありました。

職場では人に甘えたくない方も多いでしょうが、「甘え」ではなく、仕事をスムーズに進めるために、人に「相談」するのだと考えてください。

上司も、部下が1人で悩んでストレスをため込むことは望んでいません。

ぶりっ子をしたり、変に媚びたりする必要はありませんが、うまくコミュニケーションをとりながら頼り上手になっておくと、とても仕事がしやすくなりますよ。

もちろん、自分が頼られる側の立場になったときは、相手の力になるようにしましょう。

それから、理不尽な仕事の振られ方をしたり、クライアントに無理難題を突きつけられたときには、きちんとNOと言ったり、別の提案をすることも大事です。

「YES」「NO」で答えられる質問をする

定時で帰るマイルールのために、意識していたことがもう一つ。

それは、「YES」か「NO」で答えられるような質問をすることです。


たとえば、上司に何かを確認する際、「この案はいかがでしょう?」という聞き方をしてしまうと、上司もゼロから考えなくてはいけません。

すぐに返事ももらえませんし、その場で一緒にプランを考え直す必要も出てくるかもしれません。

こうなると、お互いの時間が奪われてしまいます。


スピーディーに進めるためには、事前に上司が確認できる材料をきちんと揃えたうえで「この案で進めてよろしいですか?」と聞くようにしましょう。

すると、答えは「YES」か「NO」にしかならないので、無駄なやりとりを避けられます。

この確認方法を身につけておくと、会議の時間も短縮できます。

10人くらいが参加する会議で、みんながゼロベースで考えはじめてしまうと、途中で論点がずれてしまったり、話が脱線したりしがち。ビジネス本などにも「会社の会議ほど無駄なものはない」なんて書いてありますね。

少々手間はかかりますが、自分で事前に準備をして、会議では自分主導で話を進め、多数決で決めてもらうような形にしておくのがベスト。

結果的に、そのほうが自分も含め、全員の業務効率化につながるのです。

おかげで上司から「米山さんは効率化が得意だから、みんなにも教えてね」なんて言われることもありました。

私は、プライベートの約束をするときも、必要最低限のやりとりで済むようにしています。

たとえば、グループＬＩＮＥで次の女子会を企画するとき。「次の女子会、どうする？」と、ふわっとした質問を送ってしまうと、集まる日時やお店が決まるまでに、かなり時間がかかってしまいますよね。

それよりも、「〇日の〇時から空いてるんだけど、このお店に行かない？」と送ったほうがずっと早い。

プライベートでも、**相手が返信しやすい質問を意識しておくと、双方の時短につながる**のです。

普段のコミュニケーションで相手への理解を深める

以上のような、**YES／NOで簡潔する質問を成立させるには、普段のコミュニケーションも鍵**になります。

職場だったら、「この方向性でいいですよね？」と気軽に聞ける関係性を作っておくことが大事。上司がめざしたい方向性がつねにわかっていれば、それに合わせた提案もできるようになります。

友人グループだったら、それぞれの趣味嗜好を把握しておくこと。すると、集まるお店選びや、みんなで贈る誕生日プレゼント選びなんかも、スムーズにできますよね。

効率を意識したコミュニケーションの効果は絶大です。

実際に、私は残業もしなくなりましたし、昼休みもちゃんと取れるようになった。毎日3時間の残業と1時間の昼休み分の1日合計4時間を、「自分の時間」として捻出できるようになったのです。

食事、服……
あらゆるメニューを決めておく

「今日は、どの服を着ようかな？」

「ランチは何を食べようかな？」

「どんなメイクにしようかな？」


毎日着る服や、食べる物について考える時間は、女性にとって楽しいもの。

ですが、１分も無駄にしたくなかった頃の私にとっては、その迷う時間すらも惜しかった。


当時の私は、生活に関するあらゆることを**「ルーティン化」**していました。

【服装・美容】

着る服は、１週間の予定を見ながらコーディネートを事前に決めておく。たたむ時間がもったいないので、服はすべてハンガーにかけていました。

参考にしていたのは、女性誌の「１週間（１ヶ月）着回しコーデ」企画。

そこに載っている服を、ほぼそのまま購入していました。これを着ておけば間違いないと思ったからです。

一方で、靴は歩きやすさを重視して選んでいました。足を痛めたりすると、よけいな時間を取られてしまうためです。

と言っても、オシャレにこだわりがなかったわけではありません。

キレイめのＯＬになりたかったので、そのテイストに合った雑誌を選ぶようにしていましたし、自分に似合っているか不安なときは、アパレル関係の友人に辛口アドバイスをもらうことも。

メイクで使うアイテムは、百貨店のコスメカウンターで美容部員さんに似合うものを選んでもらっていました。

自分であれこれ調べたり、試したりするよりも、プロに聞いたほうが早いからです。

少しの工夫で、時短とオシャレは両立できるのです。

【食事】

毎日の食事もメニューを決めていました。

朝はクロワッサンとカフェラテ。昼はファストフード店「サブウェイ」の日替わりサンドイッチを15分で食べ終え、残りの45分で勉強。

夕飯はコンビニのサラダパスタを、スクールの授業が始まる前に自席で済ませるのが定番でした。

私は一度ハマると同じものを食べ続けるタイプなので、毎日同じメニューでも全然飽きなかったのです。

実は、時間に余裕ができた今も、朝ご飯と夜ご飯のメニューは固定化しています。

健康を考えて、朝は豆乳ヨーグルトとバナナ、夜も外食は少なく、家で豆乳ヨーグルトと、焼いた高野豆腐にスモークサーモンやサラダを挟んだ手作りサンドイッチを食べています。添加物を摂らなくなったことで体調がすごくよくなりました。

私の例は少々極端かもしれませんが、とにかく自分の時間を作りたい方は、ぜひこうしたルーティンも取り入れてみてくださいね。

いちいち迷ったり、考えたりする時間を減らせます。

作業場所を変えるだけで、効率アップ

あなたは、勉強や仕事など、やらなければいけないことがあったとき、すっと作業に入れるタイプですか？

答えがＹＥＳの方は読み飛ばしてくださってかまわないのですが、**集中モードに入るのに時間がかかってしまう方には、作業場所を変えるのをオススメ**します。

実は、私自身も完全に後者のタイプ。

こんな本を書いていると、ものすごく意志が強い人だと思われそうですが、そうではありません。

たまっているタスクをこなそうと早い時間に帰宅したのに、なんとなくパソコンでＹｏｕＴｕｂｅを見はじめ、気づくと1時間くらい経っていた……。こんなことがよくありました。

これを毎日繰り返していたら、とんでもないタイムロスですよね。

それを解消するために思いついたのが、場所を変えることだったのです。

月額9000円のワーキングスペース

会社の仕事を終えた後、私が勉強するために足を運んでいたのは「六本木ヒルズライブラリー」という施設でした。

ここは六本木ヒルズの49階にある会員制ライブラリーで、月額9000円でスペースを自由に使えます。

高層階なので眺めがよく、置いてある本は読み放題。**集まる人たちもビジネス意識の高い人ばかりなので、いい意味で緊張感があり、勉強に集中するにはもってこいの場所でした。**

どんなに疲れていても、やる気が起きない日も、この場所に足を踏み入れると「さあ、やるぞ！」という気になれる。

私のように気持ちの切り替えが苦手な方はぜひ、自宅とオフィス以外に集中できる場所を見つけておきましょう。

もちろん、混んでいないカフェやファミレスでもいいでしょう。

私の場合は、月額契約の施設にしたことで、「せっかくお金を払ったんだから行かなきゃ」と思えました。

おかげで、休みの日も千葉県の自宅からわざわざ六本木まで行くことで、資格試験の勉強や独立の準備に集中できました。

最優先事項に時間を使う

ここまでご紹介してきたことを一つひとつ実践していただくと、あなたには確実に「自由な時間」が増えます。

では、自分の理想のライフスタイルを実現させるためには、捻出した時間を何に使うのがいいでしょうか?

睡眠も「予定」として書き入れる

時間に余裕が出てきたら、1章で決めた「最優先事項」に時間を使うことを意識していきましょう。

そのためには、**1日のスケジュールの中に、そのための時間を組み込んでおきます。**

たとえば、健康のために睡眠を8時間取りたいのだったら、「23時〜7時　睡眠」

とスケジュール帳に書き込んでおく。

そこに仕事や他の予定が入らないよう、あらかじめブロックしてしまうのです。

そんなことまで書いておくの？　と思うかもしれませんが、**これをやらないと、永久に自分の時間は手に入りません。**

少しでも余裕ができたら、自分がやりたいことを「予定」として確保する習慣を作っていきましょう。


といっても、いきなり理想のスケジュールを書き込む必要はありません。今できる範囲で大丈夫です。

私自身も、家族との時間を大切にするために、「週に１回家族との食事の予定を入れる」と書き込むことからはじめました。

こうして、最優先事項に使う時間の割合を徐々に増やしていけばいいのです。

ビジネスのことはビジネスのプロに聞く

何かやりたいことがあったとき、あなたはまずどうしますか？

友人や家族に相談しますか？

友人や家族に相談すれば、もちろん親身になってくれると思いますが、その分野についてよく知らない人のアドバイスは方向が間違っているかもしれません。

あるいは、あなたに失敗してほしくない気持ちが強いあまり、あなたを止めるかもしれません。

よって、**何か新しい大きなことに挑戦するときは、身近な人には相談すべきではない**のです。

人や情報に振り回されると「時間」が無駄になる

「今は、ＳＮＳやブログでノウハウを公開してくれている人がたくさんいるから、ネットで情報収集するだけでいいんじゃない？」

そう考える方もいるでしょう。

確かに、その方法も悪くはないですが、その情報が正しいとは限りません。

中にはエセ専門家のような人もいる。それを鵜呑《うの》みにしてしまうと、後悔しかねません。

インターネット上の膨大な情報の中から、良質なものだけを見極めるのはとても難しい。そして、それを探すためには、２時間も3時間も「自分の時間」が犠牲になります。

私の生徒さんには、「いろいろと情報を調べているうちに5年が経ってしまいました」

という方もいます。

無料のSNSやブログはあくまでとっかかりなので、情報収集は短期間で終わらせましょう。

結果を出す一番の近道は、プロに習うこと

私はビジネスにかぎらず、**なんでもプロに聞く**ようにしています。

ダイエットでも料理でも、その道のプロに習いました。先に書いた美容やファッションについても同じ。

そのほうが習得がぐんと早く、時間の節約になります。

私が「半年」の短期間で、独立という目標を達成できた一番の理由は、早い段階で、ロールモデルにきちんとノウハウを学んだからです。

５章で具体的にお教えしますが、**講座等を受けるときは5万円以上のもので、あなたが取りたい資格や学びたいノウハウが、しっかりと身につけられるものを選びます。**

これまでに見つけたロールモデルが、ノウハウを教えるプログラムを提供してくれていたら、それに申し込むのがベスト。それも、マンツーマンで教えてもらえるものが理想です。

マンツーマンが難しい場合も、なるべく対面（オンライン上の対面でもＯＫ）で学べるものを選ぶのがオススメ。

講師と顔を合わせながら学ぶと、文章や映像のみで学ぶのに比べて情報量が格段に多くなり、短い時間でも効率的に学べるからです。

お試し期間で自分に合うかを見極める

本格的に受講する前に、「お試し期間」が用意されていたら、まずはそれを受けてみましょう。

お試しには、無料体験講座が開催されていたり、1週間、ノウハウが送られてくるお試しメルマガが用意されていたり、とさまざまな形があります。

私も当時を振り返ると、お試しのメルマガを20件くらい登録していました。

ところが、実際に受けてみたら、内容のイメージが違った、あるいは、教え方がわかりにくかった、ということもありました。

貴重な「時間」と「お金」を無駄にしないために、ここでしっかりと見極めてください。

お試しとして、意外にオススメなのが、書籍の出版記念イベントです。

こうしたイベントでは、普段5万円以上の塾やセミナーを開催している人が、自著のPRのために貴重なノウハウの一部を無料、あるいは安価な価格で公開してくれたりします。

特に書店で開催される出版イベントは、書籍を購入するだけで参加できるものも多いので、ぜひこうした場にも足を運んでみてください。

もしかしたら、そのお試しの内容だけで十分満足と思う読者さんもいるかもしれません。

しかし、**きちんとノウハウを習得したいなら、やはり本編の受講が必須**です。

私自身も、お試しとして１週間無料のメルマガを用意していますが、そこでお伝えできる内容は、全体のわずか５％程度。

本当に大事なことは、本編で時間をかけてお伝えするようにしています。

How to create good habits.

第３章

人間関係の習慣

会社で「ギブ」するためのコツ

ここまで「時短」の習慣術をお伝えしてきました。
この章では、「人間関係」の習慣について、お伝えしていきます。

自分の時間を確保するには、周りと調和する

なぜ「人間関係」が大事なのかというと、仕事にしてもプライベートにしても、「自分が好きなことだけをやればいい」という考え方ではうまくいかないからです。

自分さえよければそれでいい、というやり方をしていると、困ったときに誰にも助けてもらえなかったり、いいフィードバックをもらえなかったり……。場合によって

は、あなたの道を阻もうとする人だって現れかねません。

特に、会社員の場合は、自分の時間を確保したかったり、キャリアアップをしたかったら、とにかく社内で敵を作らないことが大事。

自分のやりたくない仕事だと不機嫌になったり、周りの都合も考えずに有給休暇をたくさん取ったり、雑談ＯＫな社風なのに、雑談は時間の無駄だからといっさい参加しなかったり……。

周りにこんな同僚がいたら、どうでしょう？

「この人はマイペースすぎる」と、悪い印象を持ちますよね。

そんな人に「私には独立の夢があるので、仕事が早く終わるよう協力してください！」なんて言われても、とても応援する気にはならないのが自然です。

だから私は、**自分のやりたいことをやるためにも、１人ひとりとの関係性をうまく築きながら「周りと調和して生きていくこと」も重要な要素**だと考えています。

先回りして、相手の業務を引き受ける

人間関係の基本は「ギブアンドテイク」です。

自分が相手に何かをしてほしいと思ったら、まず自分が相手に何をされたらうれしいかを考えてみましょう。

たとえば、自分の時間を確保したいのだったら、相手にとっても時短になるようなやり方を提案する。

何かを教えてほしいのだったら、代わりに相手が知らないような情報を提供する。

あるいは、相手が苦手なことを率先してやる。

その人が喜んでくれそうなことを見つけて、やってみるのです。

こんなふうに**周りの人のことを考えられる人は、誰からも好かれますし、いざというときに自然と応援してもらえる**ようにもなります。

私自身がこうしたことを意識するようになったのは、会社員時代。

当時の社内は残業も当たり前な環境で、自分1人が「定時で帰ります」とは言いにくい雰囲気でした。

「どうすれば、社内の人間関係を良好に保ちつつ、自分のやりたいことができるだろう？」と考えて行き着いたのが「ギブアンドテイク」の精神でした。


それからは、自分にできそうなことを一生懸命探すようになりました。

たとえば、退社時間ギリギリに発生する業務を見越して、周りに声をかけておく。

「今日は18時に帰りたいので、17時に来る発注書の対応は難しいのですが、代わりに今できることがあったらやっておきます」というように。

ただ断るだけでなく、先回りして相手の業務を引き受けておくと、早く帰っても白い目で見られたりしません。

他にも、先述したように、不得意業務をお願いする代わりに、自分の得意な業務を率先してやったり、部署にかかってくる電話をすべて受けるようにしました。

電話応対をしていると、同僚のスケジュールが把握できます。そして、「○○さんは○時から外出予定が入っているので、そろそろ会議を終わりにしましょう」と会議中に声がけをしたりもしていました。

自分にできることが見つからないとき

自分にできることが見つからない場合は、**いつも笑顔でみんなに話しかけるだけでもいいいですね**。

本当に小さなことですが、疲れているときや職場が殺伐としているときには、そういう人が１人いるだけで、みんなが元気になれます。

部署の癒やし的存在も必要とされているのです。

少し見方を変えてみるだけで、自分にできることはたくさん見つかりますよ。

自分にできることを見つけるには、「相手目線を持つこと」がとても大事になります。

「どうすれば、相手が楽になるだろう？」と考えてみましょう。

相手をよく観察し、何をしてほしいかを考える

まず、普段からその人の行動をよく観察しておきます。

たとえば、会社で隣の席の人の表情が険しく、キーボードを叩くスピードもいつもより速いと感じたとします。

すると、「体調が悪いのかな?」「業務が立て込んでいてイライラしているのかな?」「〆切が迫っていて、焦っているのかな?」などと、相手の状況を推測できます。

そして、**「私だったら何をしてもらったらうれしいだろう?」と考えてみると、自分にできることが見つかります。**

ちょっとした雑務を引き受けたり、資料作りのサポートを申し出たりすると、相手はとても救われますし、自分も手伝うことでスキルが上がり、自らの時短につながることもあります。

自分にそこまでの余裕がなかったら、温かい飲み物を用意してあげたり、書類を渡すときに「がんばってくださいね！」と声をかけるだけでもいいですね。

本当にちょっとしたことでも、疲れているときには響くもの。

普段からこうしたサポートをしてくれる人には、相手もいつか恩返しをしようと思ってくれます。

相手のキャラクターをつかむ簡単な方法

見ているだけではわからない、あるいは相手がポーカーフェイスな人の場合は、普段の何気ない雑談がヒントになります。

たとえば、「今やってる業務、どう？」と聞くだけでもいい。

質問すれば、「今、資料作成に追われてるけど、結構楽しいよ」とか、「よくわからない分野だし、すごく苦戦してる」などと返事が来ます。

直接、「どこが大変ですか？」「何か手伝えること、ありますか？」と聞いてしまってもＯＫ。相手が大変そうなら手伝います。

そのためにも普段から積極的にコミュニケーションをとっておき、相手が忙しそうなときでも気軽に声をかけられるような関係性を築いておきましょう。

また、**よく雑談をしていると、相手のキャラクターもつかみやすくなります。**

たとえば、この人は単純作業は得意だけど、企画立案のような仕事を振られると、荷が重いと感じるんだな。ペットの話をするとテンションが上がるんだな、など、いろいろ見えてきます。

より相手を知るためには、雑談の際、「取材」するような感覚を持っておくといいでしょう。

相手の不得意分野や苦手分野が来たときにこそサポートしてあげると、とても喜ばれますよ。

視野を広く持つ

会社のような組織に属している場合は、**「視野を広く持つ」**ことも意識しておきます。

目の前の業務や隣の人だけでなく、部署全体を見ながら自分にできることを探し、サポートするのです。


私の場合は、みなさんの日報や週報を見て、それぞれが今どんな業務に携わっていて、どんなトラブルを抱えているのかを把握するようにしていました。

そうすることで、本人はなかなか気づけない改善点を第三者視点で提案できたり、苦労している課題に一緒に取り組んだりできるからです。

それから、上司と雑談をしながら部署の方向性を確認し、先回りできることはやっておくのも意識していました。

ポジティブな言葉でよい環境を作る

周りとの調和を考えるうえで、やはり大事だな、と思ったのが言葉遣いです。

「すみません」よりも「ありがとう」

ポジティブな言葉の代表例といえば「ありがとう」。

ですが、何かをしてもらったときに「ありがとう」と、すぐに言えないことがあります。

たとえば、会社や駅のエレベーターに乗ったとき、先に乗っていた人が開くボタンを押して待っていてくれることがありますよね。

こんなとき、「すみません」と言いながら駆け込んではいないでしょうか？

何を隠そう、私も以前はそうでした。**「すみません」を「ありがとう」の意味で使っていた**のです。

でも、待っている側の立場になってみると、**「ありがとう」と言ってもらったほうが気分がいい**ですよね。

以前、電車で席を譲ったときに、笑顔で「ありがとう」と言ってくれたご高齢の女性がいたのですが、なんだかとてもいいことをした気持ちになりました。

それ以来、私は職場でも意識的に「ありがとう」という言葉をよく使うようになりました。

たとえば、同僚に仕事を手伝ってもらったときに「すみません」と言っていたのを「ありがとうございます」に変えてみたのです。

すると、お互いが気持ちよく仕事できるようになり、コミュニケーションがとりやすくなりました。

そうしているうちに、ちょっとした書類整理や掃除をしたら、「やっておいてくれたんだね、ありがとう」と言ってもらえるようにもなりました。

お給料をもらって仕事しているわけで、ある意味、当然のことをやっただけなのですが、自分が変わることで、周りからも感謝の言葉をもらえようになったのです。

「ほめる」は人を動かす魔法

「ありがとう」「おめでとう」「すごい」「うれしい」といったポジティブな言葉を使っていると、考え方自体もポジティブになっていきます。

すると、自然とネガティブなワードが口から出なくなるし、人から言われることもなくなる。

逆に、周りが素敵な言葉であふれるようになっていきます。

職場ではネガティブな言葉が飛び交うことがありますが、自分が言葉を変えてみると、周りの意識まで変わります。

そんなことに気づいてから、積極的に人のいいところを探して、ほめるようにしました。

その結果、職場の人間関係が驚くほどよくなったのです。

私は独立してからも、会社員時代を思い出し、できるだけポジティブな言葉を使うようにしています。

たとえば、私が主催する塾の生徒さんが何か成果を報告してくれたら、「おめでとうございます！」「さすがですね！」と声をかけます。それがたとえ、少しずつの変化であったとしても。

喜んでくださる生徒さんを見ると、私もまた嬉しくなります。

大きな変化がもう一つありました。

生徒さんから私への積極的な働きかけが増えたのです。

「来週のミーティング、私がセッティングしますね」

「同時にランチ会を開催してもいいですか？」

「あ、私、おいしいお店に詳しいので予約担当しますよ」

など、本来、運営側がやるべきことを自主的に手伝いたい、と言ってくださる方がたくさん現れたのです。

ポジティブな言葉には、人を動かす力があるのだな、と実感しました。

ぜひ、あなたもポジティブな言葉を口癖にして、周りをポジティブに巻き込んでしまいましょう。

お願いしたい理由もセットでつける

他にも、私が大事にしていたのは、**「プラスアルファの言葉を付け加えること」**でした。

ただ用件を伝えるのではなく、そこに理由や相手を気遣う言葉を添えて、相手のモチベーションが上がるように心がけます。

たとえば、誰かに仕事を依頼するときは、その人にお願いしたい理由までセットで伝えます。

「あなたがこの分野に一番詳しいから、お願いしてもいい？」「あなたが一番がんばっているから、新しい案件、やってみない？」といった具合に。もちろんウソではなく、事実に基づいた内容にします。

理由がきちんと伝わると、相手の受け取り方が大きく変わります。

「これ、やっといてね」なんて、ぶっきらぼうに言われるよりも、やる気が湧いてきますよね。

モチベーションが上がって、すぐに対応してもらえるので、業務も円滑に進みます。

人に何かをお願いするときは、自分の都合を優先させるのではなく、相手が進んで受けたくなるような言い方を意識してみてください。

その人に合った言い方ができれば、よりベスト。

相手がほめて伸びるタイプだったら、ほめ言葉を付け加えたほうがいいですし、逆に気合いを入れてほしいタイプだったら、「もうちょっと成長してほしいから、これ挑戦してみない？」と言ったほうが、やる気になるかもしれません。

普段の会話を通して、相手のキャラクターを見極めておけば、1人ひとりに合った言い方ができるようになりますよ。

人と話すのが苦手なときのワザ

コミュニケーションの重要性についてお伝えしましたが、中には人と話すのが苦手な方もいらっしゃるかもしれません。

「何を話せばいいの？」と悩んでいる方のために、会話術についてもご紹介しておきましょう。

相手の観た映画を話題にする

会話となると、自分が何を話すかを考えがちですが、**コミュニケーションがうまい人は、「聞き上手な人」**です。

話すことが得意でなくても大丈夫。「聞く」側でいればよいのです。

実は、世の中には自分のことをしゃべりたいけれど、周りに聞いてくれる人がいない、というパターンが結構あります。

ですから、**自分から話題を提供するのではなく、相手が話したいこと＝相手の鉄板分野を聞くのを意識しましょう。**

鉄板分野は人それぞれですが、子どもがいる方には、お子さんについて聞いてみると、喜んで話してくれることが多いです。

たとえば、「今、おいくつですか？」といった基本的な質問をするだけでも、「小学生なんだけど、今度運動会があってね。一緒に走らなきゃいけないんだよ」などと、相手から話題を広げてくれたりします。

それに対して、「それは大変ですね。何かトレーニングされたりするんですか？」と返せば、今度はランニングが趣味だとわかったり、あるいは「運動会はいつですか？」と聞けば、相手が忙しい期間がわかったりする。

一つの話題をきっかけに、相手の家族構成や休日の過ごし方まで知ることができたりします。

相手が独身の場合は、趣味や仕事について聞いてみるのがオススメ。

映画鑑賞が趣味の人だったら、「最近観た映画で一番感動したものは？」などと聞けば、思い入れのある作品について熱く語ってくれるでしょう。

営業が得意な人だったら、受注のコツについて聞いてみたり、ＳＮＳでつながっている場合は、相手の最近の投稿を話題にすると、話が広がりやすいですよ。


コミュニケーションの効果は絶大。**一度でもプライベートな話をした相手とは、仕事でも連携がとりやすくなります。**

一種の信頼関係が生まれるので、ちょっとしたことを気軽に確認できるようになったり、仕事をお願いしやすくなったりするのです。

もちろん、相手を知ることで、こちらからのサポートもしやすくなりますよね。

飲み会やお昼休み、それから出社直後の朝の時間なんかは、まだ仕事モードではないので、みんなとコミュニケーションをとるチャンスです。

相手のメリットを作る

人間関係の基本は「ギブアンドテイク」だと先述しましたが、それができるようになったら、今度は**「ウィン-ウィン（win-win）の関係」**にすることも考えてみましょう。つまり、相手も自分も得をするような関係を作るのです。

特にビジネスにおいては、この意識を持てるかどうかで、その後の広がり方が大きく変わってきます。

私が「ウィン-ウィン」を意識したきっかけは、私と同じように起業した後、どんどんビジネスを拡大させている人たちとの出会いでした。

彼らに共通していたのは、協力してくれる人がたくさんいたこと。

それを見て、どんなすごい人でも、1人では大きなビジネス展開はできないんだな、とわかりました。

実際に、自分1人でやることの限界も感じていました。

日々やりたいことはたくさん生まれるけれど、それをすべて実現するためには、圧倒的に手数が足りていなかったのです。

そこで私は、協力してくれる仲間を作るために、相手にとってもメリットがあるようなビジネスの仕組みについて考えるようになりました。

先生と生徒から「ビジネスパートナー」へ

私にとっての協力者は、私の塾の生徒さんたちでした。

それまでは、私がお金をいただいてノウハウを教える「先生と生徒」の関係でしたが、お仕事を手伝ってもらいながら一緒にビジネスを運営していく関係に変えていきました。

「ビジネスパートナー」という、対等な立場になってもらったのです。

生徒さんにビジネスパートナーになってもらおうと思った理由は、理念やめざす方向性が同じだったからです。

私が教える立場ということは、相手は同業者です。そのまま独立した場合、今後、どこかでライバルになる可能性もあります。

でも、理想とするライフスタイルや、やりたいビジネスが同じなのであれば、争うのではなく、協力した方がお互いにとってメリットがあると思いました。

今では大勢の方が運営に参加してくださっていますが、日々、本当に助けられています。

たとえば、集客のテストアカウントを運用してもらったり、営業ツールを作成してもらったり、ランチ会の準備や動画コンテンツの収録を手伝ってもらったりしています。

どれも、みなさんがいなければ、このスピード感ではできませんでした。

また、みなさんから、

「インスタグラムのテスト運用の反応がよかったので、新しい事業にしませんか？」

「市場が変化してきているので、商品の方向性を変えてみませんか？」

といった提案もよくしていただきます。

ただ作業をお願いするだけなら、外注すればいいのですが、**ビジネスパートナーのみなさんは、「一緒にビジネスをよくしていこう」という感覚を持ってくれている。**

ただ言われたとおりにやるのではなく、同じ経営者目線でアイデアを出してくれるので、どんどんビジネスの規模を広げられるのです。

その結果、収益も、自分の自由な時間も格段に増えました。

最近は、生徒さんやビジネスパートナーとのお茶や雑談から、ビジネスアイデアが出てくることもあります。

女性起業家向けのコミュニティを作ろうとか、英語分野のスクールを立ち上げようとか、さまざまな視点をもらえるのがありがたいです。

1人でやっている頃に比べて、孤独を感じなくなったのも大きな収穫でした。ネット中心で1人で活動していると、閉塞感を感じることも多かったのです。

でも、今は何より楽しいし、生きがいを感じられるようになりました。

みんなで豊かになる

「ウィン-ウィンの関係」を成立させるには、相手のメリットもきちんと作るのがとても重要です。

私の場合、まずは、**私がこれまでに培ってきたノウハウをみなさんに提供**すること。一緒にビジネスを運営することで、みなさんが塾で学ぶ以上に、生きたノウハウを身につけられるよう意識しています。

それから、**みなさんからいただいたアイデアを採用し、その運営をお任せ**します。

最終的な責任やリスクは私が持つことで、みなさんにはのびのびと経験値を増やしてもらえるようにしています。

そして、なんといっても、最大のメリットはやはり報酬です。

成果報酬型の仕組みにして、がんばればがんばった分だけ、収入に反映されるような形にしました。

自分１人だけではなく、みんなで豊かになることをめざしています。

ロールモデルやビジネスパートナーとの関わり方

外部のビジネスパートナーやロールモデルといった、組織の外で関わる人たちとは、どのような付き合い方をするのがいいでしょうか？

基本的には、どんな人とも、お互いのメリットを作り、コミュニケーションを通して距離を縮めていくのが理想です。

しかし、**ビジネス上の関係においては、適切な距離感も重要。**友達のような、馴れ合いの関係にはしないほうがいいでしょう。

仲良くなりすぎない

ロールモデルがセミナーやコンサルなどを行う先生の場合は、こちらがお金を払って教えてもらうのが大前提です。

よって、相手に好かれようとしたり、友達のような関係性を築こうとすると、うまくいかなくなる可能性があります。また、ライバル視したり、実績などで抜かしたい気持ちを全面に出すのもオススメしません。

教えてもらう立場である以上、尊敬の念は忘れないようにしましょう。

相手の立場になって考えてみると、**一番付き合いやすいのは、きちんとお金を払ってくれて、プライベートには踏み込まない人**ですよね。

中には、仲良くなって無料でノウハウを教えてもらおうとする人がいますが、それは失礼なこと。誠意に欠けた人だと思われてしまいます。

ロールモデルに限らず、金銭のやりとりがある関係の場合は、ある種の割り切りが必要です。仲良くなりすぎないように意識しておくといいでしょう。

その人の考え方をより深く知りたかったら、プライベートに踏み込むのではなく、その人が発信している情報にアクセスするのがオススメ。

著書や動画、ＳＮＳなどを毎日チェックしていれば、実際に会わずともその思考が自然と身につきます。

そして、仕事上のお付き合いが終わったら、関係もそこでストップさせます（ただし、相手からお茶などのお誘いがあった場合は別です）。

相手が望んでいないのに、私用のＬＩＮＥを聞いたり、ビジネスと関係ない質問をしたりすると、相手を困らせかねません。

私自身も、生徒さんたちと食事しながら仕事の話や雑談をしたりはしますが、プライベートで旅行に行ったりまではしません。

過去の生徒さんたち全員と、深くお付き合いするのは無理があるからです。

私の経験上、こうした**けじめがあったほうが、ビジネス上の関係はうまくいきます。**

そして、これは自分がセミナーの講師など、お金をいただく立場になった場合も同様です。

仲良くなるよりも、お互いにメリットがある関係を築くことです。

今までの友人は断ち切らない

ビジネスと離れたところで、大事だと思っているのが「友人たち」の存在です。

大人になってから出会った人ももちろん大切ですが、昔からの友人たちは特に貴重。

私は今でも、幼稚園からの友達や小中高の同級生たちと、定期的にお茶をしたり、旅行に行ったりしています。

人生のステージを上げたいときは、今までの人間関係を断ち切ったほうがいい、と言う人もいますが、私はそうは思いません。

ものすごく悩んでいることがあったとしても、会って話せば、あっという間に楽しかった学生時代に戻れる。

そんな友人たちの存在は、私にとって大きな心の支えとなっています。

コツは「自分の価値観を押しつけない」こと

中には、だんだん価値観が合わなくなってくる友人もいるかもしれません。

キャリア志向の人、結婚して専業主婦になっている人、若くしてママになった人、など、女性の生き方は人それぞれです。

それぞれの環境が変わっても、ずっとよい関係を続けるコツは、自分の価値観を押しつけないこと。

グループの中で一番、生き方や人生観が変わったのはおそらく私だと思いますが、友人たちにはあまりそういう話をしません。

「最近どんなことをしているの？」と聞かれたら、「こんな仕事をしているよ」と話す程度で、みんなに独立を勧めたりしませんし、起業するときも相談したりはしませんでした。

では、いつもどんな話をしているかというと、主に趣味の話です。最近行っておいしかったお店の話や、今ハマっているダイエットの話、話題の映画の話なんかをよくしています。「次はどこに旅行に行こうか？」と、旅の計画で盛り上がるのも定番。

会えばいつでも一緒に「楽しい」「うれしい」を味わえるのがわかっているので、こうした友人たちには落ち込んだときにこそ、連絡します。

どんなときにも味方でいてくれる友人たちの存在は、とても心強いもの。**いつも客観的な視点をくれる点でも貴重な存在**です。

私も、何か新しいことに挑戦するときには、相談こそしないけれど、事後報告をして友人たちの反応を参考にすることがあります。

自分の軸や、日々楽しむことを忘れないためにも、ぜひ気心の知れた友人を大事にしてくださいね。

パートナーを大切にする

これは必須の習慣とは違いますが、「恋愛」も、個人的にやっておいてよかったことの一つです。

私の人生に最初に大きな刺激を与えてくれたのは、20代前半の頃にお付き合いしていた会社の同期でした。

東大卒でとても優秀だった彼は、入社後も現状に満足することなく、会計士をめざしていました。

会社の仕事をしっかりとこなしながら、勉強時間もきちんと確保。私とのデートのときも、待ち合わせ場所でテキストを読みながら待っているような人でした。

そんな彼を横目に見ながら、私は時間の使い方や、仕事と資格試験を両立させる覚悟のようなものを学びました。

彼はその後、見事、会計士の資格試験に合格するのですが、このくらい勉強する人が合格するんだな、というよい例を見せてくれました。

もともと勉強家ではなかった私が、仕事と弁理士試験の勉強を両立できたのも、彼の存在によるところが大きかったです。

今の私は毎日が充実していてとても楽しく、結婚や恋愛について考えることはありません。いつかは結婚したいかなぁ、くらいにぼんやり思っています。

でも、刺激や癒やしをくれるパートナーの存在は、ありがたいもの。

今相手がいる方は、大事にしてください。

結婚後は家族を養うために仕事をがんばる、という男性が多いですが、最近では、女性のほうがバリバリ働いて旦那さんを養う結婚の形も増えてきています。

いろいろなパートナーシップの形があってもいいですね。

How to create good habits.

第４章

思考の習慣

弱気になったときの自信のつけ方

ここまで読み、いくつかを実行に移してくださった方は、確実に人生が変わりはじめているでしょう。

理想のライフスタイルが手に入るまで、あともう少し！

4章でご紹介するのは**「思考の習慣」**。

より自分らしく生きるための「考え方」についてお伝えします。

今ではこうして本まで書いて、みなさんにアドバイスをさせていただく立場になった私ですが、「自分なんてダメだ……」と弱気になったこともちろんあります。それも、一度や二度ではありません。

そんなとき、**私を救ってくれたのは「小さな成功体験」**でした。

まずは一つ、小さな成功体験を作る

自信をなくしかけていたのは、副業をはじめてすぐの頃。

準備を念入りに行ってスタートさせたものの、なかなか思うような結果は出せずにいました。

このままでは、独立なんて一生できないかもしれない。

やっぱり、無理だったんだ……。

非常に気持ちが落ち込みました。

そんなとき、サイトに1万円の振り込みを知らせる通知がありました。

当時は、今で言う「ポイ活（クレジットカードなどのポイントをためたり使ったりして、お得に生活する活動）」をしていて、案件の達成で報酬が支払われたのです。

案件の内容は誰でもできるような簡単なものでしたが、それまで1人でお金を稼ぐ経験がなかった私にとって、それはものすごくうれしいこと。


「学んで、きちんとその通りに実践すれば、本当に稼げるんだ」と、感動しました。


これが最初の成功体験となり、その後は迷いなく進めた。その結果、副業をはじめた初月から、私は20万円ほどの収益をあげられました。

自力で1万円を稼いだ、額は小さいけれども確かな事実が、私に大きな自信を与えてくれたのでした。

こうした小さな成功体験を積み重ね、今度はそれを先生として人に教えることで、副業の収入はどんどん増えていった。

そうしてわずか半年で、独立の夢をかなえられたのです。

すべてのはじまりは、あの1万円から。

夢に向かって進むときは、まずは、小さくていいから成功体験を作る。これを意識してみましょう。

事務職のミニ成功体験の作り方

成功体験は、普段の仕事を通して得られるとベストですが、会社組織の中ではなかなか難しいかもしれません。

特に、事務職の場合は売上や注文数などで結果が出る仕事ではないので、表彰や賞与といった、目に見える形の評価をもらうことは少ないでしょう。

しかし、その中でも自信をつける方法はあります。

それは、**ギブアンドテイクの精神で仕事をして、「周りにほめてもらう」こと**です。

上司や同僚から「ありがとう」「すごいね」と言ってもらえると、うれしいですよね。自分の仕事に少し自信を持てる。

周りからポジティブな言葉をかけてもらうのも、一種の成功体験です。

今、ほめられる機会がない場合は、周りの人のいいところを探し、自分から積極的にほめてみてください。

音声でモチベーションアップ

自信の高め方と言えば、オススメの方法がもう一つ。

独立をめざしていた頃、毎日必ず見たり聞いたりしていたのが、ロールモデルの動画や音声でした。

「自己投資をしたら、あとは行動するのみ」

「結果を出すために、やるべきことをやりましょう」

「毎日コツコツやっていくのが大事ですよ」

内容は自己啓発書に書いてあるようなことですが、動画や音声は文章と違って、ロールモデルの動きや声に接するもの。まるで、ロールモデルと会っているような感覚になります。

１日24時間、いつでも成功者がそばにいてくれると思うと安心できるし、「なんか私にもできそうな気がする」と自信も湧いてきます。

これを毎日繰り返すことで、マインドセットしていました。

１人で心細いときや、自信をなくしかけたときにはぜひ、ロールモデルやポジティブな言葉を発している人の動画等に接してください。

ＹｏｕＴｕｂｅにもそうした動画が多数アップされていますし、オーディオブックなどもオススメです。音声は、電車通勤中など「ながら」で聞けるのもいいところですよね。

この本の購入特典として、私のモチベーションアップのための音声も作成しましたので、よかったらぜひ聴いてみてくださいね（198ページにアクセス方法があります）。

毎日聴いていると潜在意識にポジティブな思考がすり込まれ、どんどん自信が高まっていきますよ。

明日はうまくいくと信じ続ける

他にも、落ち込んだり不安になったときに、乗り切るための考え方をご紹介しておきましょう。

落ち込んだときに上がるコツ

熱量があれば、人が１日１歩進むところを、一気に３歩進むことがあります。ＴｏＤｏリストがスムーズにできたときなどです。

しかし、そこで成果が出ないと、気持ち的には２歩下がったような気がしてしまいます。

集客のためにブログ記事を何本も書いて、ツイッターでもこんなにたくさん有益な情報を発信したのに、全然お客さんが集まらない。「収益が上がらないなら、何もやらなかったのと同じ」と感じるときがありました。
こんなとき、私はいつも、自分にこんな言葉を言い聞かせていました。

「明日は絶対うまくいく」

うまくいかないからと、「もうダメだ」とあきらめてしまったら、そこで挑戦は終わってしまいます。
でも逆に言えば、どんな状況でも希望さえ捨てなければ、あきらめずに前に進めます。
どんなときも「明日は絶対うまくいく」と信じ続ける人が成功するのです。

結果が出ないときは、もっと視野を広げてみましょう。

今日はブログ記事を１本書けて、動画も１本配信できた。すぐに収益に結びつかなくても、昨日よりは確実に１歩前進できているし、１週間前と比べたら７歩も前に進んでいる。明日になったら、お客さんからの申し込みがきっとある。たまに、２〜３日くらい申し込みゼロの日があって当たり前だよね。

こんなふうに考えると、ぐっと踏みとどまってがんばれます。３歩進んで２歩下がったとしても、１歩は確実に進んでいる。昨日今日といった目先の数字に踊らされるのではなく、もっと長いスパンで考えてみるのです。

そうして**毎日やるべきことをやり続けていれば、必ず結果はついてきますよ。**

そのためにも、日々のタスクを決めておくのは大事ですね。とにかく動き続けていれば、感情に左右もされません。

どんな状況でも、手を動かしていれば、余計なことを考えずに済むからです。

時間に余裕があると、どうしても悪いほうに考えがちなので、不安なときほどタスクを多めに設定しておくといいでしょう。

それでも落ち込みがとまらないとき

それでも落ち込んだり、孤独を感じたりすることがあるかもしれません。

そんなときは、**一度離れて気分転換をするのも大事。**

自分ならではの気分転換の方法を作っておくといいでしょう。


3章でも書きましたが、私の場合は、学生時代からの友人たちと会って話すのが一番のリフレッシュになりました。

ビジネスに関係のない人と話す、あるいはちょっと外に出るだけでも、気分が明るくなるので、行き詰まったときにはオススメの方法です。

それから、落ち込んだらここに行こう、と場所を決めておくのもいいですね。

私にとっては、ディズニーランドが気分転換の場所になっています。

子どもの頃から、行けば必ず笑顔になれる場所。海外旅行よりも気軽に行けるので、今も落ち込みそうになったら、よく足を運んでいます。


他にも気分転換の方法はたくさんあります。

カラオケで思いっきり歌う、好きな映画を観に行く、おいしいパンケーキを食べるなど、**なんでもいいので、ぜひふわっと心が軽くなるような、自分だけのスイッチを見つけてみてくださいね。**


このスイッチさえ見つけておけば、スランプ知らずになれます。

失敗は失敗ではない

これまでビジネスで大きな成功を収めた人たちにたくさんお会いしてきましたが、みなさんに共通しているのは、**「失敗を恐れずに行動が早い」**こと。

やりたいことがあったり、いいアイデアが浮かんだら、その日にでも行動に移しましょう。

「悩んでいる時間」は、みなさんが考えている以上にロスなのです。

そして、30代、40代と年齢が上がるにつれて、挑戦を躊躇する人は増えます。

特に女性にとっての20～30代は、結婚や出産とあわせて自分のキャリアも考えなくてはならない、人生の中でももっとも重要な時期。

この時期をどう使うかで、その後の人生は大きく変わる。

だからこそ、**悩む時間があったら、1日でも早くスタートを切ったほうが絶対にいいのです。**

悩むより「行動」で年収が30倍に

私が理想のライフスタイルを手に入れるために、独立に向けてスタートを切ったのは、28歳のとき。

失敗するリスクも頭をよぎったけれど、「自分の可能性を試したい」気持ちのほうがずっと強かったのです。ですから、本当に「これだ」と思うものに出会えるまで、あきらめませんでした。

それから3年ほどで、年収はなんと、会社員時代の30倍にもなりました。しかも、1日の稼働時間は2時間。

今、「時間」にも「お金」にもしばられない生き方ができるようになったのは、や

はり、すぐに「行動」したからです。

失敗したとしても、その一つずつを楽しめました。

私がもし、失敗を恐れて悩み続けていたら、今もやるべきことに追われるだけの毎日だったでしょう。

3年という人生の時間を「悩む時間」に使うのと、「行動」に使うのとは、これほどの差が生まれるのです。

「一度はじめた仕事は、3年は続けるべき」なんて言う人もいますが、この「3年」に根拠はありません。

密度の濃い時間を過ごせるのであれば、悩む期間は3年間も必要ないでしょう。

正確に言うと、自分の「得意・不得意」を見つけるためには時間をかけてもいい。

それをきちんと知ることには価値があるからです。

でも、**今の仕事が自分の「やりたいこと」に結びつかないとわかっている場合は、**

早めに見切りをつけることも必要。

今の職場では永遠にやりたいことが実現できそうになかったら、さっさと別の部署に異動希望を出すなり、転職活動をするなり、副業をはじめるなり、何かしら現状を変えるための行動をすべきです。

失敗したら「次、次、次！」

もし一歩を踏み出した先の道が失敗だったとしても、後悔しないでください。

1章でも「一つとして無駄になった挑戦はない」と書きましたが、**行動した先には必ず、何かしら学びがある**からです。

たとえば、この方法は自分には向いていなかった、と理解するのだって十分な収穫です。

私の場合は、弁理士の道をあきらめたことがそれに当てはまりますが、それも実際に挑戦してみなければわかりませんでした。

その失敗は、「別の道に進むべき」だと知るために必要だったのです。

失敗を恐れて挑戦しなかったら、つまらない人生になってしまいます。

「失敗した！　次、次、次！」くらいで楽観的に行けばいいのです。

大事なのは、その次にどんな行動ができるか？

失敗したら、すぐに新たな道に向かって舵を切り替えればいいのです。

会社と家の往復になってたら危険！

副業や起業の準備などと並行して、ぜひ試していただきたいことがあります。

それは、**「視野を広げる」こと。**

会社と家の往復だけを繰り返していると、どうしても視野が狭くなりがち。

そうなると、人間的に成長できず、よいビジネスやアイデアも思いつかないし、よいビジネスパートナーも得られません。

感性を磨くためには、多くの「インプット」が必要です。

他部署の方とランチする

普段、同じ場所にしか行かない方は、いつもとは違う場所に積極的に足を運んでみてください。

ランチをするときに、普段は行かないようなお店に行ってみたり、行ったことがない国に旅行に行ってみたり、美術館を訪れてさまざまなアートに触れてみたり……。

私は会社のランチ時でも、他部署の仕事のできる方を誘って、いろいろな話を聞いたりしていたことがありました。

大学院に通っていたときは、さまざまな職種や年齢の高い方や、自分より若い方ともたくさんお話ししました。

リアルで行動するのが難しければ、ＳＮＳで世界を飛び回っている人の投稿を見る、本を読んでいろいろな人の考え方を知る、というのもいいでしょう。

よりインプットを深めるためには、自ら表現（アウトプット）してみるのもオススメです。

たとえば、絵画を見るのが好きだったら、自分でも絵を描いてみる。音楽が好きだったら、ピアノを習ってみる、バンド活動をはじめてみる。

ＳＮＳで自分の考えを長文で書いたり、こだわって加工した写真を投稿してみたり、というのも立派な自己表現です。

アウトプットすることにより、それに触れた人からフィードバックが得られ、これもよいインプットとなります。

そこからまた、何かしらさらなる新しい発見があるはずです。時には、それまでの自分の価値観を覆すような、大きな変化もあるかもしれません。

私もありとあらゆるものから刺激を受けたおかげで自分の感性が磨かれ、その結果、いくつも新しいビジネスを生み出せたのです。

ライブ会場で隣の人に話しかける

いつもと違う場所に行ったときには、その場の出会いも大事にします。

旅先だったら、訪れたレストランで隣の席の人に「どこから来たんですか?」と話しかけてみたり、写真撮影をお願いされたら、「どこか行ってよかった観光地はありましたか?」と聞いてみたり。

外国なら、たとえつたない英語であったとしても、世界各国の人とのコミュニケーションが楽しめます。

「人見知りだから、自分から話しかけるのはちょっと……」という方は、好きなアーティストのライブ会場でやってみると、ハードルが低くなるかもしれません。

私は歌手の浜崎あゆみさんが好きで、毎年彼女が出演する音楽フェス「a-nation《エーネイション》」

に足を運んでいたのですが、いつも自然と周りの人たちと仲良くなります。

好きなアーティストという共通項があると、知らない人であっても臆することなく話しかけられる。

そして、その場の感動を共有できるのです。

時には、こんな感じ方をする人がいるんだな、と自分とは逆の価値観との出会いもあり、面白いですよ。


出会う人が増えれば、そこからよい人脈を築けることもあるので、あまり構えすぎず、ぜひいろいろな人に話しかけてみましょう。

一期一会を大事にすると、見える世界がさらに大きく広がっていきます。

うまくいかないのは、会社のせいではない

私が自分の思い通りに生きられるようになったのは、ある考え方にたどり着いたことも大きいです。

それは、**「すべては自己責任」**だという考え方。

「負のループ」を抜け出せた理由

以前の私は、何かうまくいかないことがあったとき、他人のせいにしてしまうクセがありました。

「何度転職しても天職に巡り会えないのは、会社が悪いんだ」とか、「弁理士試験に合格できないのはライバルが優秀すぎるせいだ」とか。しまいには、「私の能力が低いのは、両親のせいだ」とまで思っていた時期がありました。

他人のせいにしたところで何も変わらないのに、つねに誰かのせいにして、自分の責任から逃れていたのです。

しかし、転職活動の一環として自己分析をしているうちに、考えが変わりました。うまくいかないのは誰のせいでもなく、自分の行動が足りていなかっただけ。**「現在」は、「過去の自分の行動の結果」**だと、ようやく気づいたのです。自分の責任を認められるようになってからは、他人を責めなくなりました。そんな暇があったら、一つでも多く行動したほうがいい。

それから私の人生は負のループを抜け出し、大きく好転していきました。

人生を好転させる口ぐせとは？

「すべて自己責任」ととらえて生きていくために、今日からでもはじめられる簡単な習慣があります。

「ネガティブな言葉を使わない」ことです。

成功者が使わない言葉

ネガティブワードの代表例は、「でも」「だって」。

この言葉の後には、必ずと言っていいほど「言い訳」が続きます。

「仕事でミスをした。でも、私は悪くない。だって、上司がきちんとした指示をくれなかったから」というように。

私自身もそうでしたが、**「でも」「だって」を口ぐせにしていると、言い訳が当たり前になり、平気で他人に責任転嫁するようになってしまいます。**

そのうえ、思考までネガティブになってしまう。

「どうせ私なんて」と。

そして、誰かのせいにしたり、卑屈な考え方をしたりしていると、それが周りにも伝わり、だんだん共感や応援を得られなくなってしまいます。

成功者と呼ばれる人たちは、まずネガティブな言葉を使いません。

逆によく聞こえてくるのは、ポジティブな言葉たち。

「絶対にできる。絶対うまくいくから、がんばろう！」といった感じで、自分も相手もモチベートするような会話をする人が多いのです。

明るさと前向き思考は、彼らの共通点。

彼らを見ていると、言葉は現実化するんだな、と思ったりします。

言葉には「ことだま」が宿っていると言われますが、実際に、よい言葉を使う人は、現実もよい方向に変えていく。これまでにそういう人たちを見てきました。

私もなにかに挑戦するときは、「私は運がいいから大丈夫」と言い聞かせます。


自分の現実をよい方向に向かって動かしたかったら、「ネガティブワードは使わない」。

これを意識していきましょう！

ネガティブワードは
ポジティブワードに変換できる

そのために、ネガティブな言葉が口から出そうになったら、ポジティブな表現に言い換えることもやってみましょう。

たとえば、こんな感じです。

・「自由な時間なんかない。だって会社員だから」
↓「時間が限られているからこそ、効率よく取り組める。だったら、スキマ時間を活用しよう」
・「副業で成功する自信がない。だって知らないことだらけだから」
↓「知らないからこそ、先入観なくはじめられる。だったら、自信が持てるまで念入りに準備をしよう」

「でも」「だって」のかわりに、「だからこそ」「だったら○○しよう」を口ぐせにするのです。

この変換作業を日常的に頭の中で行っていると、思考も行動もどんどんポジティブになっていきます。

そこから、思わぬ自分の強みが見つかることも。

私自身、これを意識するようになってからというもの、自然とネガティブな言葉は出てこなくなりました。

周りのせいにするくせも、いつの間にか消えていた。

口ぐせを変えたので、考え方自体が変わっていたのです。

つねに自分の可能性を探るような考え方をしていると、脳がワクワクして、よいアイデアも生まれてきますよ。

成功の秘訣は「量」と「凡事徹底」

仕事に勉強、どんなことにも言えますが、成果を出したかったら、そこに向かってまず圧倒的な量の努力をする必要があります。

「質」よりも何よりも、まず最初は「量」が大事なのです。

最初は「質」を求めない

何かの分野において突き抜けた結果を出している人は、周りが思っている以上に努力をしています。

オリンピックの金メダリストを想像していただくと、わかりやすいかもしれません。

彼らはその結果を得るために、練習に４年間もの年月を費やしています。

中には、それほど努力をしなくてもポンと結果を出せてしまうような天才型の人もいますが、世の中のほとんどの人はそうではありません。

私自身も、残念ながら自分が天才型ではないとわかっていたので、人並み以上の結果を出すためには、努力するしかありませんでした。

周りの誰もが「あの人が一番努力してるよね」と認めるくらいの量をこなさなければ、結果は出せないのです。

より成長したいなら「基準値」を上げる

圧倒的な量をこなすには、自分の中の「基準値」を上げることも意識してみましょう。

自分が一番努力している、とわかるためには、周りの人と比較することになります。

しかし、そもそもその比較対象のレベルが低かったら、自分の努力レベルも低くなってしまうかもしれないからです。

周りを見てみて、自分が簡単に一番になれるようだったら、環境を変えることも考えたほうがいいでしょう。

たとえば、通うスクールのレベルを変えると、一緒に学ぶ生徒の質が変わります。ライバルが強力になれば、焦りが生まれ、「自分ももっと努力しなければ」と思いますよね。

職場にしてもそう。優秀な人たちが大勢いる会社に転職してみたら、まだまだやらなければいけないことがたくさんあると気づくはずです。

より成長したかったら、レベルの高い環境に飛び込み、自分に負荷をかけていくことも必要なのです。

ロールモデルがいる場合は、その人にどのくらいの量をこなしたのかを聞いてみたり、調べてみるのがいいでしょう。

今の結果を出すために、ロールモデルは何をどのくらいの期間、どんな方法で、どれだけやったのか。

それがわかったらその人と同等、もしくはそれ以上に努力すれば、自ずと結果は出るのです。

成功の秘訣は「凡事徹底」

もう一つ大事なポイントがあります。

それは、**「毎日継続する」**ということ。

私の好きな言葉に**「凡事徹底《ぼんじてってい》」**があります。

調べてみると「なんでもないような当たり前のことを徹底的に行うこと、または、当たり前のことを極めて、他人の追随を許さないことなどを意味する四字熟語」とあります。

この言葉、元メジャーリーガーのイチローさんが使っていたのですが、彼ほどコツコツやることの大切さを体現した人はいないかもしれません。

イチローさんが高校生の頃、３年間毎日休まず、寝る前に10分間の素振りを続けていたのは有名な話ですが、彼はこうした地道な努力を、プロになった後も徹底的にやり続けました。

今は自分の成果をＳＮＳなどで派手にアピールする傾向が見られますが、**最終的に成功できるのは毎日コツコツとやり続けた人**です。

毎日やるだけってシンプルだし、一見簡単そうですが、実はとても難しい。誰にでもできることではありません。

毎日やるのは小さなことでいい

たとえば、TOEICで高得点を取るために英単語を覚えたいとします。

早くスキルアップしたいからと、1日に100単語覚えようとしても、なかなか身につきませんよね。それよりも、1日に10単語ずつ、毎日きちんと覚え続けたほうが、1年後には確実に英語力が上がっているでしょう。

会社員だったときは、営業部で、毎朝5分だけでもロールプレイングしている人のほうが、1ヶ月後には売上が出ているのを目《ま》の当たりにしてきました。

実際に、私の生徒さんを見ていても、**時間がある土日だけにまとめてやる人よりも、1日5分、10分といった短い時間でも、やるべきことをやり続けた人のほうがより早く、しかも大きな結果を出せています。**

タスクと生活習慣をセットにする

毎日続けるうえで課題となるのが、モチベーションの維持です。ものすごくやる気になる日もあれば、まったく気分が乗らない日もある。それから、疲れていたり、やたら忙しい日だってある。

人間である以上、それはしかたのないことです。

では、その時々のテンションや忙しさに左右されないためには、どうすればいいのでしょうか。

そこで有効なのが**「タスク化」**です。

２章でも「スキマ時間の有効活用法」としてご紹介しましたね。

毎日継続するためには、**このタスクを日々の生活習慣とセットにし、ルーティン化してしまう**のがオススメ。

たとえば、朝は歯磨きをしながらスクワット、通勤時間は読書、お昼休みはSNSのチェック、お風呂では発信のネタを考える、夜寝る前はユーチューブを見て情報収集、というように、やるべきタスクを生活習慣の中に組み込んでおくのです。

こうすれば、忘れる心配がないですし、一つひとつは簡単なので、気分にも左右されません。

まずは、決めたタスクと生活習慣のセットを1週間、毎日続けてみてください。

1週間後には、新たな習慣として定着しているはずですよ。

How to create good habits.

第5章

お金の習慣

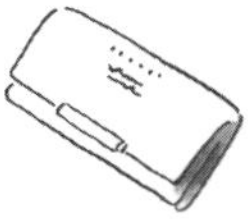

人生、ほとんどの悩みはお金に行きつく

最後にご紹介するのは、**「お金の習慣」**についてです。

「ゆるく、楽しく、きままに」生きるためには、お金の問題は切っても切り離せません。

いくら自由な時間を手に入れても、お金がなければ生きてはいけないからです。

やりたいことをやるために、お金が必要

私は大金持ちになりたいと思ったことはないですし、そのためにビジネスをはじめたわけでもありません。

でも、「やりたいことをやるためには結局お金が必要なんだ」と、いつも心のどこ

かで思っていました。

趣味の旅行はもちろんですが、独立の夢をかなえるにも当面の資金が必要になります。

やりたいことはあるけれど、お金がないから挑戦できない、と悩まれている方はたくさんいます。

それから、元気なときにはあまり考えませんが、自分が病気になったときにも、やはりお金は必要。

理想のライフスタイルは、健康な体があってこそ、かなえられるものです。

それに、お金がなければ、大事な人の冠婚葬祭があっても参加すらできないし、もし家族や大切な人が困っていたとしても、助ける余力がなくなってしまう。

そう、**世の中、お金がすべてではないけれど、お金がないと解決できないことがすごく多い**のです。

お金にしばられると、精神的余裕もなくなる

お金の悩みの怖いところは、気持ちの余裕までも奪っていくことです。

会社員時代、転勤先の大阪で1人暮らしをしていましたが、その頃は、いつもどこか不安があった気がします。

当時の収入と言ったら、会社からもらうお給料だけ。手取り20万円弱で生活するためには、どうしてもやりくりを考えなければいけません。

家賃や光熱費などの必要経費を差し引くと、手元に残るのは10万円ほど。

その中で旅行代や勉強代など、自分のやりたいことに必要なお金を捻出するのは至難の業でした。

「時は金なり」という言葉がありますが、両者には相関関係があります。

お金がないと、実は時間にもしばられるようになってしまうのです。

今だったら、家事などは代行サービスに頼んで、その分自由な時間を増やそう、と思えますが、当時の私には、そんな選択肢はありませんでした。

節約のためになるべく自炊をし、飲み会にも極力参加しない。もちろん、掃除や洗濯も自分でこなす。

プライベートの時間も家事に追われ、自分のやりたいことをやろうと思ったら、睡眠時間を削るしかなかったのです。


こんな毎日を送っていると、職場でちょっとしたことでイライラしてしまったり、つねに睡眠不足だから体調が悪かったり。

やりたいことがあっても、お金がないから無理だと最初からあきらめてしまったり、どうせかなわないんだから夢を見るのはやめよう、と思ってしまったり。

お金の悩みから精神的余裕がなくなると、思考も視野も、どんどん狭まっていくのです。

なのに、「お金がなくても私は十分幸せだよね」と、無理やり自分に言い聞かせていました。

今思うと、ずいぶん悪循環に陥っていました。

もし、手元に1億円あったとしたら、今抱えている悩みの大半は解決できるでしょう。

趣味にも惜しみなくお金をかけられるし、お金がないことを理由に夢をあきらめる必要もなくなる。将来に対する不安も解消されるはずです。

そうなれば、悩むことに使っていた時間も、やりたいことに割けるようになりますよね。

何にもしばられず、自由な生き方がしたかったら、やはり時間と同じくらい、お金も大事なのです。

周りにいる10人の平均年収＝自分の年収になる

では、どのくらいの収入があればいいのでしょうか？

理想のライフスタイルを実現するにあたり、「目標収入の設定」は必ずしもマストではありません。

でも、今の生活を続けた場合、将来どのくらい稼げるかな？　とイメージしてみるのは大事です。

こんな話があります。

「今、周りにいる10人の平均年収が、10年後の自分の年収になる」

たとえば、今の会社で仕事を続けるとすると、自分の5年後、10年後の年収は容易に想像がつきます。職場の先輩や上司を見ればいいだけなので、難しくありません。その先輩や上司のお金の使い方を見れば、その年収でどんな生活ができるのかもわかりますよね。

お昼ご飯にはこのくらいの金額を使えて、お小遣いは月にこのくらい。

子どもが3人いると、けっこう節約しなきゃいけないみたい。

こんなふうに現実が見えてきます。

もし、自分の理想の生活とはほど遠いと感じたら、環境を変えることも考えてみましょう。

仕事面のロールモデルと積極的に関わる

では、**どんな環境がいいかというと、ビジネス面で目標にしたいロールモデルや、**

自分より活躍している友人や知り合いなどがいるところです。

あなたが仕事面でロールモデルにしたい人たちと、積極的にお付き合いをしたほうがいいでしょう。

そういう人たちが集まるイベントに参加してみるのもいいですし、今より給料が高い会社に転職するのも一つの方法です。

その人たちと一緒に過ごす時間が増えれば、会話を通して彼らの考え方や振る舞い方が自然とわかるようになる。

それを真似ると、自ずと収入面でも理想とする形に近づけるのです。

私自身も、起業してからは「起業家」「実業家」と呼ばれる人たちと関わる機会が増えましたが、彼らから受ける影響は少なくありません。

年収1億円の人は、どんな考え方をしていて、どんなビジネスのやり方をしているんだろう？

こんな疑問を持っていても、彼らと会話をしていれば自然と解消されます。

また、次にどんなビジネスが来るのか、といった情報もいち早く耳に入ってくるようになる。

自分がめざしたい収入や仕事をすでに手に入れている人と接していると、多くの学びがあるのです。

と言っても、いきなり「雲の上のような人」と仲良くなりたくても、それは難しい。

まずは、身近な人で自分より少しでも仕事がうまくいっている人がいたら、会って話を聞くことからはじめてみましょう。

ケチで成功している人は見たことがない

「それって無料ですか？」

よくこんな質問をする人がいます。セミナーなどは無料のものしか行かないタイプの人です。

しかし、**自分の学びのためにお金を使えない人は成功できません。**

少なくとも、私の周りで成功している人で、ケチな人は見たことがありません。

世の中には無料のセミナーや講座もたくさんあります。けれども、有料のものに比べたら中身が薄いことが多い。

そんな私も、無料のものに参加したことがありましたが、やはり得られるものは少なかった実感があります。

きちんとしたノウハウを身につけたかったら、やはりそれ相応のお金を払ってセミナーや塾に通うべきです。

講師が自分のお金と時間をたくさんかけて習得したノウハウを、短期間で、効率的に学べるのだから、その対価を払うのは当たり前。むしろ、お金さえ払えば得難いノウハウを得られる！

そう考えれば、こんなに有益なお金の使い方はありませんよね。

「お金を払う＝損」だと考えている方は、「お金でノウハウを買える＝得」に考え方を変えてみましょう。

自己投資は「先行投資」

「でも、有料セミナーに行ったからといって、収入がすぐ増えるわけでもないし」

こんな声も聞こえてきそうです。

しかし、ビジネスの世界ではよく「利益の回収を急いではいけない」と言われます。

目先の利益だけにとらわれていると、その先にあるもっと大きな長期的な利益を逃すからです。

だからこそ、成長産業には先行投資が欠かせないわけですが、自己投資が必要なのも同じ理由。

そう、ここで言う**「自己投資」とは、ビジネスにおける「先行投資」**なのです。

それに、実際に投資した経験がないと、自分がビジネスをはじめるときに困ります。

たとえば、10万円の自己投資をしたことがないのに、10万円の報酬を受け取るのは難しい。

世の中、10万円でどのくらいの内容が提供されているのかの相場観がわからないと、価格に見合ったサービスや商品を提供できないからです。

内容に対して金額が高すぎると、そもそも人が集まりませんし、お客様の満足度が低ければ、悪い口コミが広まってしまうこともあります。

かと言って、安すぎると、今度は信用性が低くなってしまう。

そう、**適正価格の設定ができなければ、ビジネスは成功できない**のです。

また、**自己投資をしてみると、「お金」と「時間」の有限性を、本当の意味で理解できます。**

私自身、代金を払って学んではじめて、その大切さに気づきました。

私は起業後も、興味を持ったものやビジネスにつながる有料講座に足を運ぶことがあります。学ぶものは、ＳＮＳ、電子書籍、マーケティング、料理、美容、ダイエット、英語などさまざまです。

今なら、**「ＳＮＳまわりの知識＋好きなこと、得意なこと」**を学ぶのがいいと考えています。

子どもの頃は習い事をたくさんしていても、大人になるとその習慣がなくなってしまう人が多いのはもったいない。

やりたいことがある今こそ、お金を払って学ぶ習慣を作りましょう！

覚悟が決まるくらいの金額を自分に使う

本気で学びたかったら、ちょっと勇気がいるくらいの金額をかけることをオススメします。

たとえば、参加費が１０００円くらいのセミナーに申し込んでも、仕事が忙しかったり、楽しそうな飲み会に誘われたりしたら、キャンセルしてもいいかな、と思ってしまいますよね。

私の経験上、中途半端な金額もオススメしません。

１～２万円くらいのセミナーだと、それなりに得るものは多いですが、いざビジネスに活用するとなると、少し物足りないです。

実際に行動に移すためには、この知識も必要だった、とまた別のセミナーや塾に通う必要が出てきたりします。

こうなると結局、貴重な「お金」と「時間」が無駄になってしまうのです。

本気の人が集まるのは「5万円以上」

2章でも触れましたが、私が推奨するのは、ずばり**「5万円以上」**のもの。

実践的な内容が充実しているプログラムは、この価格帯のものが多いです。

ちなみに「5万円」は、188ページからご紹介する「6ヶ月集中プログラム」の自己投資のステップで、私が実際に使った金額です。

当時、月収20万円だった私にとってはかなり痛い出費でしたが、おかげで覚悟が決まりました。講座内容はメルマガやツイッター、フェイスブックなど集客に関するものでしたが、真剣に学ぶことができました。


自己投資は自分にプレッシャーをかけてこそ、意味がある。

どうせ払うなら、自分の覚悟が決まるくらいの額を使いましょう！

高額の投資にはもう一つメリットがあります。

それは、その場に集まる人たちの質が高くなること。

高度な知識を持った人が講師を務めるのはもちろんですが、生徒も「本気の人たち」が集まります。

意欲的な人たちに囲まれていると、1人でノウハウを学ぶよりも、ずっとずっと吸収力が高くなります。

こうしたセミナーや塾では、生徒だけのグループで活発に意見交換が行われやすいので、それを見て、「自分も行動しなきゃ」と刺激を受けられるのです。

いきなり5万円も使うのは不安、という方は、2章で述べたように最初だけ無料（あるいは安価な）体験セミナーが用意されているプログラムを選ぶといいでしょう。

学びから1ヶ月以内にお金に換える

「お金を稼ぐ人」と「稼げない人」の違いは、一体どこにあるのでしょうか？

一番の違いは、やはり「実践」のスピードです。

もっと具体的に言うと、**「学んだノウハウを即お金に換える意識」を持てるかどうか、**です。

情報は古くなる

せっかく高いお金を払って学んだノウハウも、使わなければ宝の持ち腐れ。

そして、時間の経過とともに、その価値はどんどんなくなっていきます。

なぜなら、「記憶」があやふやになっていくからです。

たとえば、受験勉強をしていた頃には、聞かれたらすぐに答えられた数学の公式問題。しかし今は、正確な答えがわからない人が多いのではないでしょうか。

ノウハウも同じこと。記憶がはっきりしているうちに実践に移さないと、いざやろうと思ったときに使えなくなってしまうのです。

さらに、**情報には「賞味期限」があります。**

哲学的な考え方など普遍的なものは別ですが、インターネットビジネスに関するノウハウや資格試験で必要な知識などは日々変化していきます。

特にインターネットやＳＮＳの世界は進化が激しいので、情報があっという間に古くなってしまいます。

だからこそ、学んだらすぐに実践しないと意味がないのです。

理想は、学びから実践まで１ヶ月。

ノウハウを学んだら、何がなんでも1ヶ月以内にお金に換える！

この意識を強く持っておきましょう。

最初は1000円、2000円でもかまいません。少額でもいいから、まずは「稼いだ実績」を作り、自分自身が成功体験をする。これがとても大事になります。

この段階を早くクリアできるかどうかで、その後の人生は大きく変わるのです。

人に教えることも同時並行

そして、できたら、この段階で「人に教える」ことも同時並行でやっていくのが、私がオススメするビジネスモデルです。

少しでも稼げたら、人にその方法を教えるところまでセットで、一気にやってしまいます。

でも、大した実績もない私が、人様にお金をもらって教えるなんて気が引ける……。

そう思う方もいるでしょう。

しかし、自分では教える価値がないと思っていても、その知識やノウハウを必要としている人は意外と多いもの。別に自分がトップオブトップでなくてもいいのです。

1日10人集客できた、というのも、十分な実績です。

何も最初から、5万円のプログラムをめざす必要はありません。大きい実績がないのなら、価格を低めに設定すればいいのです。

ここでは、**安くてもいいから「自分が得たノウハウを人様に教えることでお金をいただく」という「事実」を早く作るのが重要**です。

それに、「人に教える」ことは、自分自身の学びを深めます。

人にわかりやすく伝えるためには、自分がより深く理解しておく必要があるからです。

退路を断つ

会社を辞めて起業したい人は、退路を断つ決断も「早めに」すること。

私は、副業をはじめて半年で会社を辞めました。

もちろん、その時点ではこの先もずっと安定して収益を上げ続けられる保証なんて、どこにもありませんでした。我ながら、けっこう思い切った決断です。


しかし、うまくいかなかったらどうしよう、という不安はありませんでした。

この頃には、なんとか生きていける確信があったからです。

私が会社を辞めようと思ったのは、「副業で月収100万円」を3ヶ月連続で達成できたタイミングでした。実際にそれだけのお金を稼いだ実績が、私に自信と勇気を与えてくれたのです。

３ヶ月間、結果を出せたのだから、こっちを本業にしてみようかな。

そうすれば、自由な時間も増えるし、このまま会社員を続けるよりもずっと早く私が望む生き方に近づける。

私は不安よりも、「理想のライフスタイルがかなう」という希望を胸に、会社に退職願を出しました。

結果論ですが、このときの決断は大正解でした。

20代で独立したからこそ、３年後には、お金にも時間にもしばられない自由な30代を迎えられました。

実際に、周りを見ても、副業で続けている人よりも、会社を辞めて本業にした人の方が、大きな収入を得ています。

それでいて、みなさん、会社員時代より実働時間ははるかに少ない。

よって、より早く理想のライフスタイルを手に入れるためには、思い切って退路を断ってしまうのも一つの正解です。

辞めるタイミングは自分が確信を持てたときでかまいませんが、**副業の「目標金額」の設定をオススメ**します。

独立後は会社員の収入の2倍はあったほうがいい、と先述しました。まずは今のお給料の額面で2倍の金額を目標としてみましょう。

初月は低めに設定して、毎月ステップアップしていくのもいいですね。

そして、**安定して目標金額を達成できるようになったタイミングで退路を断つ。**

私の場合は、安定を実感できるタイミングが3ヶ月間なので、新しいビジネスをはじめるときにはいつも、3ヶ月間連続で目標金額を達成することを意識しています。

「お金がないから」と言う人は、お金があってもできない

あとは実践あるのみなのですが、ここから先に進めない人がたくさんいます。

「今は無理。お金が貯まったら、やりたいことに挑戦しよう」

こんな人は、いつまで経ってもスタートを切れません。

私が主宰する塾の生徒さんで、「ボーナスが入って、１００万円貯金ができたら会社を辞めて起業します」と言っていた人がいました。

でも、その人はボーナスが入っても動けませんでした。

もし失敗したら、自分も家族も生活できなくなってしまう不安が先に立ち、実行に移せなかったのです。

これは、この方だけに限りません。

実は、高いお金を払って起業塾に通うところまではできるのに、その先に進めない方が大勢いるのです。

失敗したくないからと、起業に関する情報を調べ続けるうちに、あっという間に3年も経ってしまった——今まで、こんな人をたくさん見てきました。

少し厳しい言い方をすると、こういう人は本気で現状を変えたいわけではないのでしょう。

挑戦にはリスクもともなうし、精神的ストレスも少なからずかかります。

逆に言うと、**「お金がないから」という理由であきらめられるくらいなら、それは本当にかなえたい夢ではない**のです。

どうしてもやりたいことがあったら、極端な話、借金をしてでもやりたいはず（実際、そこまでやった人のほうが成功しています）。

夢の実現のためには、覚悟を持って実践あるのみです。

物欲から解放されたらお金が増えた

収入が増えていくと、どんなことが起こるか？

実感としては、これまで自分を苦しめていた、あらゆる悩みがなくなっていきます。

そう、この章の冒頭でお伝えした「お金の悩み」から解放されるのです。


人によって感覚は異なりますが、私自身がお金の悩みから解放された、と実感できたのは、月収が１００万円を超えたあたりからでした。

このくらいのお金があると、欲しい物はだいたい買えるようになります。

そして、それをすべて買ってもお金が余るようになると、今度は「あれが欲しい」「ここに行きたい」という絶えずあった欲が、だんだんなくなってくる。

「物欲」から解放されるのです。

物欲の正体は「見栄」

これは私自身が解放されてみてわかったのですが、**物欲の正体は「周りから良く見られたい」願望**でした。

ブランド品を持ちたいのも、良いマンションに住みたいのも、よく考えてみると周りに「うらやましい」と思われたいからでした。

つまり、突き詰めると、周りへのアピールのためにお金を使いたい、と思っていたのです。

その欲が満たされてみると、私は今までずいぶん周りの目を気にして生きていたんだなと気づきました。

もちろん、それ自体は悪くありませんし、周りに憧れられたい気持ちを、稼ぐモチベーションに変えるのもいいでしょう。

でも、私自身は不思議と、そうした欲すらも捨ててから、さらに収入が上がっていったのです。

収入アップの秘訣は、やりたいことを追求すること

独立した当初は、会社員時代の倍である、月収40万円を目標にしていました。

期限までに達成できそうにないときは、焦りを感じることも。

しかし、**月収１００万円を安定して稼げるようになった頃からは、純粋にビジネスを楽しめるようになりました。**


もう一つ新しい事業をはじめたら、面白いだろうな。

もっと周りに人が増えたら、一緒に楽しめるな。

そんな気持ちでやっていたら月収はさらに増え、気づくと１０００万円を超えるよ

うになっていました。

お金に余裕ができると、さらに自己投資をしてスキルアップしたくなります。

そして、そこで自分が得たスキルを使って、今度は周りの人にも成功してほしくなる。結果的に、それが新しいビジネスになる。

やりたいことを追求した結果、好循環が生まれ、収入は格段に増えていったのです。

周りに見栄を張る必要がなくなって無欲になると、「このくらい稼がなきゃ」という目標額のプレッシャーから解放されます。

すると、自分が本当にやりたいことだけを追求できるようになるのです。

今後は、女性の独立を支援するためにお金を使っていきたいです。

昔は自分のためにお金を使うことしか考えていなかったのが、今では人のために使うことばかり考えているのは、自分でも不思議です。

ですが、お金の悩みから解放されると、視野が広くなるし、気持ちの余裕も生まれるんですよね。

そうなると、新しくやりたいこともどんどん出てくるし、自分のためだけではなく、人のために動きたくなる。

そして、**お金があれば、その新しい夢のために惜しみなく投資できる。**

結果的に、大きなお金が自分に返ってくるようになるのです。

一生楽しく生きるための「6ヶ月集中プログラム」

いろいろなことをお伝えしてきましたが、全部ではなく、お好きな項目を実践するだけでも、あなたが理想とするライフスタイルに近づきます。

でも、それだけではすぐに劇的な変化は望めません。

せっかくだから、なるべく早く、「ゆるく・楽しく・きまま」に生活したいですよね。

そこで、たった半年で結果を出せる方法を、最後にまとめます。

私のような普通の会社員が、独立するまでの半年間、実際にやっていたのは次のことでした。

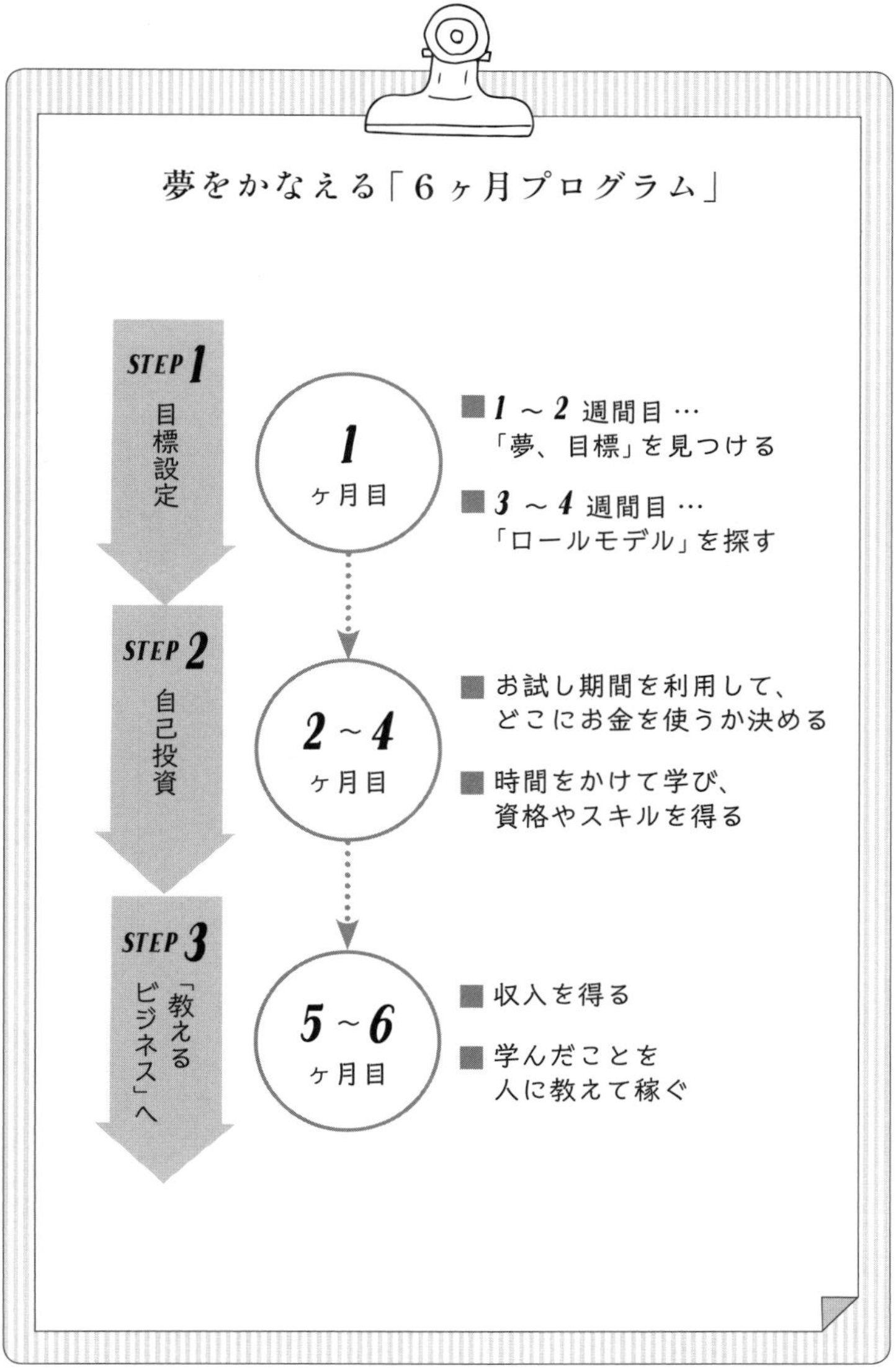
夢をかなえる「６ヶ月プログラム」
STEP 1
目標設定
1
ヶ月目
■1 ～ 2 週間目…
「夢、目標」を見つける
■3 ～ 4 週間目…
「ロールモデル」を探す
STEP 2
自己投資
2～4
ヶ月目
■お試し期間を利用して、
どこにお金を使うか決める
■時間をかけて学び、
資格やスキルを得る
STEP 3
「教える
ビジネス」へ
5～6
ヶ月目
■収入を得る
■学んだことを
人に教えて稼ぐ

まず、**最初の2週間で「夢や目標」を見つけます。**そして、**次の2週間で「ロールモデル」を探す。**

ここまでが**ステップ1の「目標設定」**。設定の仕方は、1章を参考にしてください。

続く**ステップ2では「自己投資」**を。ここでは、目標達成のために必要なスキルや資格を習得します。

詳しくは5章を読み返していただきたいのですが、ロールモデルとなる人が塾やセミナーを運営している場合は、そこに申し込むのが一番の近道です。

そして、1週間ほどで誰に何を習うのかを決めます。決まったら、実際に代金を払って学びます。

学ぶ期間は2ヶ月を目安にしましょう。あまり長いとモチベーションが続かなくなってしまうので、短期集中がオススメ。そのほうが得られるものが多いです。

会社の仕事との両立はこの期間が一番大変になりますが、「一生楽しく生きるため」だと割り切ってがんばりましょう！

最後のステップ3では、習得したスキルをビジネスに変えます（174ページ以降参照）。

まずは、学んでから1ヶ月以内にその方法で「自分自身が収入を得る」という実績を作ります。

そして、一つでも結果を出せたら、今度はそのスキルを人に教えて稼ぐのです。

インターネットやSNSを使えば集客ができるので、それほど難しくありません。

2ヶ月くらい続ければ、安定した収入が入ってくるようになります。

これで、計6ヶ月です。

ビジネスの形は物販やコーチング、投資などいろいろありますが、どんなものでも、このスケジュール感である程度、形にできるはず。私自身、最後の1ヶ月で副業による収入が会社の給料を超えました。

その結果、動きはじめてからたった半年で、実際に会社を辞めて独立できたのです。

より早く、理想のライフスタイルを実現したいと思っている方は、ぜひこの「6ヶ月集中プログラム」を実践してみてください。

少し大変なものもありますが、長い人生の中のほんの6ヶ月間です。

6ヶ月間だけは覚悟を決めて、時短の習慣によって捻出した「自分の時間」をすべて、このプログラム通りに使ってみてください。

そうすれば、私のように一生ゆるく楽しく生きることも、決して夢物語ではなくなります。

おわりに　やりたいことは増えていく

「満員電車に乗りたくない」

「好きなときに海外旅行に行きたい」


そんな思いからはじまった、私の夢への道のり。

振り返ってみると、私が今のようなゴールにたどり着けた一番の理由は、「挑戦をやめなかったこと」にある気がします。


ここまでも書いてきた通り、私の人生は本当にチャレンジの連続でした。

28歳まではなかなか「天職」が見つけられず、転職を繰り返したり、弁理士を志したものの途中で挫折したりと、普通の人が通らないような道もずいぶん経験しました。

それは、周りから見たら、かなり遠回りに見えたかもしれません。

だけど、何が成功につながるかは、やってみなければわからない。

だからこそ、自分がいいなと思ったものには、すべて挑戦してきた。

数多くのチャレンジあってこその今だと思っています。


「夢をかなえる秘訣は？」と聞かれたら、私は迷わずこう答えます。

「チャレンジし続けることです」と。


もちろん、今でも新しいことに絶えずチャレンジしています。

夢をかなえた今も、やりたいことは増える一方だからです。

たとえば、こうして本を出す夢はかなったけれど、雑誌で女性起業家の方が連載を持っているのを見ると、なんだかうらやましい。

雑誌でしか出会えない読者さんもいるだろうから、私もいつか連載を持ってみたいな。

プライベートでは、旅も食べることも大好きなので、世界中のおいしいものやスイーツを食べ歩くなど、美食の旅に出たい。

海が好きな生徒さんの話を聞くと、私もダイビングのライセンスを取って、世界中の海に潜る旅をしたら、きっと楽しいだろうなぁと想像したり。

自分1人が楽しむだけではもったいないから、そこで得た経験や感動を発信してみようかな。もしかしたら、そこから新しいビジネスが生まれるかもしれない、とワクワクしたり。

だんだん、仕事とプライベートが連動するようになってきました。

おそらく今後も、やりたいことは増え続け、私はその一つひとつにチャレンジしていくでしょう。

それは、60歳、70歳になってもきっと変わらない。

人生１００年時代――。

私の挑戦は一生涯、続きます。

最近では、60代になってからSNSをはじめたい、と私の塾に来てくださるような方も増えていますが、そういう方を見ていると、とても良い刺激をもらえます。

いくつになっても新しいことに挑戦できる。

私も何歳になっても、若々しく健康な人でありたいのです。

この本を読んでくださったあなたにもぜひ、そうしたチャレンジ精神を持ち続けてほしいな、と思います。

成功するかどうかは問題ではありません。

ただただ、自分がやりたいと思うことに正直であってほしい。そして、実際に行動に移すところまでやってみてほしい。

その意欲を持ち続けることを、どうか忘れないでください。

あきらめずにチャレンジし続けていれば、夢がいくつも見つかります。

そして、そこに向かってまた挑戦し続ければ、その夢はきっとかなう。

小さなチャレンジを積み重ねていけば、いつの日にか、あなたが望む生き方ができるようになるのです。

最後まで読んでくださり、本当にありがとうございました。

本書が、今後のあなたの人生をよりよくするお手伝いができることを願って。

米山彩香

米山彩香（よねやま・あやか）

1987年生まれ、千葉県出身。女性起業ビジネスプロデューサー。

理系大学卒業後、大手電機メーカーに就職。会社員として働きながら大学院に通い、弁理士を目指すも挫折。その後も、転職を繰り返す。

どの職場でも仕事の速さが評価され、残業なしで成果を出すメソッドを構築。

昼休みの30分から副業をはじめたところ、わずか１カ月で会社員の月収を超える。それがきっかけで会社を退職し、起業。事務所・従業員なしで、独立1年目から億単位の収益をあげる。

現在は、1日実働2時間で、ゆるく、楽しく、気ままに毎日を過ごし、好きなときに、趣味のカフェ巡りや海外旅行を楽しむ生活を送っている。

今後は、女性の起業サポートに力を入れていく予定。近著に『お金と時間の悩みが消えてなくなる　最高の時短』（KADOKAWA）、『やりたいことを全部やってみる』（総合法令出版）。

●無料メールマガジン

http://teamayaka.com/mailmagazine/blog/

●オフィシャルブログ

http://teamayaka.com/
https://ameblo.jp/ayaka1s/

●インスタグラム

https://www.instagram.com/ayaka777a/

●LINE公式アカウント

スマホでLINEアプリを開いていただき、「友だち追加」画面より「@503vmttm」（@をお忘れなく）をID検索して申請、もしくは右のQRコードよりアクセスして友だち追加してください。

●【本書の購入特典】モチベーションアップのための音声の受け取り方

上記のLINE公式アカウントを友だち追加のうえ、トーク画面で特典キーワード「習慣」とメッセージを送っていただくと受け取ることができます。

イラスト／コナガイ香
カバー・本文デザイン／太田玄絵
編集協力／渡辺絵里奈、加藤明希子、大西華子
校正／長田あき子
編集／江波戸裕子（廣済堂出版）
ＤＴＰ／三協美術

時間もお金も増える習慣

2020年2月16日　第1版第1刷

著　者　米山彩香
発行者　後藤高志
発行所　株式会社 廣済堂出版
〒101-0052
東京都千代田区神田小川町2-3-13 M&Cビル7F
電　話　03-6703-0964（編集）
03-6703-0962（販売）
ＦＡＸ　03-6703-0963（販売）
振　替　00180-0-164137
ＵＲＬ　https://www.kosaido-pub.co.jp

印刷所
製本所　株式会社 廣済堂

ISBN 978-4-331-52279-0　C0095